# 神의 瞑想

신 명상

빛과 하나 되는 길

## 지은이 金圓卿(김원경)

雅號 仁山. 충청남도 당진 출생. 문학박사·시인

**주요 경력**

- 공주교육대학교 교수
- 서울시교위 장학관·연구관, '문교부 장학위원, 교육과정 편찬위원'
- 서울교육대학교 교수, 정년퇴임 후 현재 명예교수
- 국어교육학회장
- 수인서원 원장

**수상**

국민훈장·목단장·목련장/ 문교부장관상·대한교육회장상

**주요 저서 및 논저**

- 『문학개론』, 『한국문학상의 유학사상 연구』, 『국어과 교육학』, 『먼 서역 실크로드의 하늘에서』, 『시가 있는 중국역사 산책: 황하와 함께 바라보며 생각하며』 1~3권, 시가 있는 중국역사 산책: 장강과 함께 바라보며 생각하며 4~6권[4권 『장강, 우주의 길목에서』, 5권 『장강, 대지의 숨결처럼』, 6권 『장강, 하늘에 흘러간다』], 『하늘가에 서성대며』, 『하늘을 향한 모든 종교는 하나다』

  시집 『天山의 피리』 외 논문집·수필집 다수



神의 瞑想 (신명상)
빛과 하나 되는 길

2013년 2월 12일 초판 1쇄 인쇄
2013년 2월 20일 초판 1쇄 발행

지은이 ■ 김원경
펴낸이 ■ 정용국·임순종
펴낸곳 ■ (주)신서원
서울시 종로구 평동 20-9 지하
전화: (02)739-0222·3 팩스 : (02)739-0224
신서원 블로그: http://blog.naver.com/sinseowon
등록: 제300-2011-123호(2011.7.4)

ISBN 978-89-7940-129-5 03200

값 19,000원

신서원은 부모의 서가에서 자녀의 책꽂이로
'대물림'할 수 있기를 바라며 책을 만들고 있습니다.
잘못된 책은 연락주세요.

# 神의 瞑想

(신 명상)

## 빛과 하나 되는 길

| 김원경 지음 |

신서원

# 머리에

신(神)!· 신의 명상(瞑想)!

신이 무엇인가?

우주는 돈다. 생명은 살아 움직인다. 법칙이 있다.

신은 그 속에 있다.

일체 생명은 우주 속에 태어나고 그 뜻 속에 살아간다.

산다는 것이 무엇인가?

사람은 생각을 하는 생명체다.

머리가 있고, 가슴이 있고, 영혼이 있다. 사람은 언어를 가지고 있다.

신! 삶의 빛!

사람은 신을 갖는다. 빛을 바란다.

영원한 삶의 빛을 그 신에게 포갠다.

사람은 약하다. 불안하다.

그리하여 사람은 가슴의 신비(神秘)·외포(畏怖)를 신에게 포개고, 나아가 그 영매(靈媒)·빙의(憑依) 속에 그 절대 존재와 동치(同置)하고 결합하고자 한다. 이것이 종교다.

신!

### 신이 출현한 제1 추축(樞軸) 시대

오늘날 지구 상에는 많은 신이 있다.

이 신들은 대개 지금으로부터 2000년 전후에 지구의 이곳저곳에서 부족, 혹은 민족의 선지자·명상가들이 절대의 빛, 신을 불렀다.

그 새벽은 신석기인 농경 시대 이입기, 새로운 정신문화 형성기였다. 당시 철인·명상가 들은 '사람이 산다는 것은 무엇인가?'를 생각했고, 한 부족이 어떻게 하면 이 질곡을 헤쳐 나갈 수 있느냐를 생각했다. 그리하여 불안하고 불완전한 삶 속에 절대의 빛, 구원의 존재, 신을 불렀다.

인류학자·신학자·철인·사상가 들은 이 시기를 '신의 제1 추축기(樞軸期)'라고 한다. 신들이 '뿌리와 기둥'을 지구에 꽂은 시기라는 뜻이다.

저 히말라야(Himalaya) 인도 북서부에서는 '브라만(Brahman, 梵, 우주의 신)'과 '나(我, 아트만)'과의 결합을 추구하는 힌두(Hindu)의 신들이 나왔고, 중동·지중해 사막에서는 유일신(唯一神), 주(主)와 종(從) 관계의 신, 복종(服從) 관계의 신인 '야훼(Yahweh)'·'알라(Allah)'가 나왔으며, 이스라엘의 신은 다시 '하늘', 아버지와 '아들' 예수의 관계를 근간으로 하는 그리스도교[가톨릭(天主敎)과 프로테스탄트(改新敎)]의 신이 되었다.

인도에서는 깨달음을 이루어 해탈(解脫)을 추구하는 불교가 출현했고, 중국의 춘추전국시대에는 치세(治世) 원리를 바탕으로 한 도(道)의 유교, 무위자연을 표방한 도교 등이 출현했다.

또한 지금의 이란 지역에서는 성화(聖火)와 천당·지옥, 선과 악의 보상 이념을 담은 조로아스터(Zoroaster)교가 등장해 기성 종교 교리에 다시 영향을 주면서, 모든 종교는 독자성을 표방했다.

신의 얼굴, 이름이 같지는 않다.

'절대 유일의 신', '우주의 신', '하느님', 하느님 아들 '예수', 신(神)이라 지칭되지 않지만 '달마[法]'·'도(道)'·'빛' … 등의 이름이 붙은 신의 존재가 각각 '말씀'·'경전'의 체계를 세우고, 오늘날까지 세를 확산해 왔다.

빛의 핵심도 언어가 다른 만큼 '사랑'·'자비'·'신애', 그리고 '구원'과 '구제' 등 여러 '은총'과 '혜시(惠施)'를 다양하게 펼쳤고, 인간의 '외포'를 덜고 '죄'와 '악'을 막아 인류 2000년 역사, 특히 정신문명 발달에 거대한 주춧돌이 되어온 것이다. 이 시기 태어난 주요 종교들은 교리상 약간의 상충은 있어도, 철저하게 자기 신의 권역을 견지하고 있는 것이 특징이다.

신!

그런데 "오늘날 21세기 인류는 '제2의 신의 축'을 세워야 한다"라는 말을 신학자·종교인·석학 들은 제기한다.

21세기는 과거 2000년 전의 '부족'이나 '민족'의 시대를 지나 세계가 '하나의 인류'가 되었고, 서로 나뉘어 살던 지역과 환경은 '지구'라고 하는 '하나의 우주'가 되었다. 언어도 마찬가지다. 따라서 각각의 민족이나 특수 지역의 환경 속에 태어난 여러 이름의 신들은 '하나의 인류의 삶' 속에 '하나의 신'이라는 말을 한다.

본시 이 세상을 창조하고 제도하는 신은 하나다.

사람들이 이 이름, 저 이름을 붙인 신이기에 이제 '원래 하나' 속에 '새로운 축'을 세우자는 것이다. 하나의 '신' 본원(本元)으로 돌아가야 한다는 것이다.

신의 갈등은 사람이나 민족의 갈등을 부른다.

이 민족 저 부족이 부른 신들을 본시 하나인 그 '하나의 몸'·'영원한 자'·'일자(一者, The Eternal One)'로 되돌려 '민족'·'모든 인류'·'하나의 지구의 평화' 속에 다시 신의 축을 세워야 한다는 것이다. 되돌려야 한다는 것이다.

이것을 신학자들은 '제2의 신의 축(Second Axial Period)'이라고 말한다. 지금으로부터 2000년 전 신의 출현 시대가 '제1의 다원적(多元的) 신의 축 시대'라면, '하나의 인류'·'하나의 지구'가 된 21세기 오늘에 세워야 할 신의 축은 '일원적(一元的)'·'본원적(本元的)'인 신의 축이어야 함을 말하는 것이다. 다시 세우는 것이 아니라 '근원의 하나', 즉 본래의 하나로 돌아가야 한다는 것이다.

본시 이 세상 신은 하나다.

본시 이 세상 신은 사람이 불렀다.

부족이나 민족의 나갈 길을 걱정한 선지자·명상가 들이 모신 것이다. 그리고 그 민족의 언어로 '신의 이름'을 짓고, 또한 그 민족의 언어로

'신의 말씀', 즉 계시를 만들었다. 한번 만든 말씀은 몇 번씩 손질했다. 이것이 오늘날 세상의 '경전(經典)'·『성서(聖書)』이다.

이 '경전'들은 수세기 동안 다듬어지고 다시 결집 과정을 거쳤다. 그리하여 오늘 지구 상에는 많은 색다른 '신의 말씀'·'빛' 들이 있다.

사실 많은 '신'·'많은 말씀'이 있어서 안 될 것은 없다. 그러나 각 지역에 뿌리를 둔 신, 그 말씀들은 부족을 갈라놓고 민족이나 국가의 벽을 쌓고, 독자적 신의 세(勢)를 견지하여 서로 갈등과 비방을 낳고, 극단적으로 신들의 싸움에까지 이르기도 한다. 신의 싸움, 신의 갈등은 곧 사람과 민족의 싸움이 된다.

본래 신은 이 세상 일체의 생명체, 대우주의 질서, 규범, 평화, 공존을 다스리고 이끄는 존재로, 절대자이자 영원한 창조자다. 하나의 신은 '인류 하나'·'인류 하나의 지구'·'하나의 하늘'과 함께해야 한다.

21세기 인류는 하나가 되었고, 인류의 언어는 하나가 되어간다. 과거 '민족의 언어'로 붙였던 신의 이름은 하나의 인류 언어 속에 다듬어져야 한다. 여러 얼굴을 하나의 얼굴, 하나의 빛으로 되돌려야 한다.

신의 이름이 인류 공통어 '신(神)'이면 어떻고, '하느님'·'하늘'·'창조주'·'빛'·'주님' 등 보통명사이면 어떠한가? 굳이 어느 한 민족이 칭하는 신 고유 이름을 고집할 필요는 없다.

신은 하나다.

인류에게 내린 신의 말씀, 즉 '경전'은 '하나의 말씀'으로 '하나의 인류'의 이름으로 새 신의 축 속에 다시 결집되어야 한다. 모든 '경전'을 그때그때 손질했듯이, '21세기 전체 인류의 하나의 경전'으로 손질하고 다시 결집하면 된다.

신!

그리고 신의 명상의 길은 무엇인가?

'빛과 하나 되는 길', 그 '의례(儀禮)'의 바람직한 길은 무엇인가?

21세기, 종교의 예배(禮拜) 의식(儀式)에서 자주 발견되는 너무 외양적(外樣的)이고 경직적(硬直的)이며 번다(煩多)한 제식(祭式)의 규례는 정화(淨化)되어야 하고, 현대적·내성적 자정 속에서 간소화하고 명상화되어야 한다.

본시 이 세상의 신은 명상 속에서 선지자들이 모셨다. '참다운 명상(瞑想)' 속에는 반드시 으리으리한 교당(敎堂)이나 사원(寺院)·모스크·도장(道場)·성지(聖地)·성물(聖物) 등을 차별화하면서, 집단적·군중적·함성적·희열적 외형의 세몰이 형식은 들어 있지 않다.

오늘날 많은 종교마다 교침(敎針)·의례·제식·예배 제도나 계율(戒律)·금기(禁忌)·수칙(守則) 등은 이것이 인류보편화 속에 내면화하여 '차분화하고 정화된 심령상의 고해(告解)와 참회·축도의 예배'·'명상(瞑想) 본연(本然)의 모습'으로 되돌아가야 한다.

'신을 두드리는 것'은 본시 '나의 마음의 닦음'인 것이다. 빛을 닦는 자세는 구도(求道)이며, 구법(求法)·수도(修道), 그리고 수행(修行)이기도 하다.

자기 영혼의 정화, 자기 어둠의 해탈을 본지로 삼아야 한다. 너무 번

잡하고 형식화된 의례 제도나 경직된 예배 방식, 또는 계율, 성적(聖的) 행의(行儀)는 종교 간에 위화감을 준다. 21세기 현대적 신앙의 양식과 규례는 깊이 생각해야 한다.

신은 명상으로 두드리는 것이다.

신, 그 참의 빛, 영원한 밝음과 '나'가 하나 되는 것은 꼭 고성가무(高聲歌舞)나 견디기 어려운 고행 속에서만 득도(得道)하는 것은 아니다. 신의 영매(靈媒), 신의 빙의(憑依)는 '신과의 궁극적 영혼의 결합' 속에 두어야 한다. 영원 절대의 '참', 그 '빛' 속에 '나'가 '하나 되는 것'·'합일(合一)·결합'하는 것, 그것이 신의 명상, 본연의 모습이다.

21세기 현대적 신앙의 '신의 새 축'은 이러한 의례의 본원화(本元化) 속에서도 새 주추를 튼튼히 놓아야 한다.

말이 너무 길었다.

나는 신학이나 종교학을 전공한 사람은 아니다. 다만 이 세상에 존귀한 인간 생명으로 태어나 그 삶의 진실이 무엇이고 그 빛과 참이 무엇인가를 생각하면서 살아가는 '영원한 서생(書生)'·'삶의 참을 명상하는 수행가'에 불과하다.

나는 이 세상 종교의 힘이 인류의 가장 깊은 정신문명의 지주가 된다는 신념에 항상 차 있다. 그리하여 지난 20세기 후반에 히말라야, 인도, 중국 천지, 지중해 넓은 사막 지대 등 인류의 종교가 뿌리를 내린 곳을 몇 번 답사도 하면서, '지구상 21세기 인류의 종교'가 어떻게 뿌리를 내려야 하는지 명상한 것을 서툰 대로 글에 담아보았다.

이 책을 내는 데 곤곤히 격려해 준 학인, 교우, 여러 교수님, 그리고 흐트러진 원고를 가다듬어 예쁜 책으로 만들어주신 (주)신서원의 정용국 사장님과 직원분들에게 감사드린다.

2013년 1월

著者 金圓卿

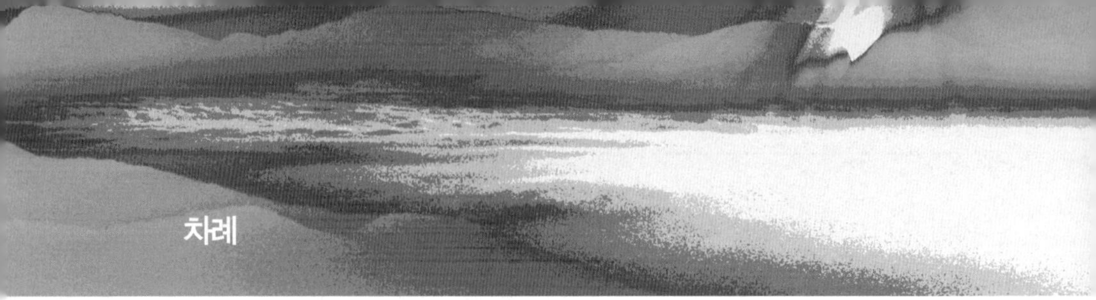

# 차례

# 차례

## 2부 神을 찾는다



## 3부 神과 하나 된다

# 1부

# 神을 두드린다

우주
드높은 하늘에
소리를 띄운다.

노을에 타오르는
가슴을 재우고
소리처럼 그렇게
휘마는 울림을 구름에 싣는다.

사무치는 먼 우주
그 하늘 끝
별의 은하에

그 동트는 빛의 고개에
타드는 심지를
고르며

이 새벽
외로운
설렘을 띄운다.

# 1. 神, 그리고 사람

빛!

그리고 어둠!

사람, 그리고 신(神)

밝음이 무엇이고, 어둠이 무엇인가?

사람은 어둡다.

사람은 불안하다.

사람은 태우고 사람은 뒤튼다.

사람은 내일을 모른다.

사람은 온 곳을 모르고, 가는 곳을 모른다.

그리하여 어두운 마음을

밝음에 포갠다.

그리하여 헤매는 마음을

신에 의지한다.

영원한 밝음 속에 찰나의 삶을 포갠다.

사람!

그리고 신!

어둠 속 영혼은 늘 외롭다.

___ 빛 있으라!

대우주의 주인이시어!

이 세상 창조주 참의 빛이시어!

잉카제국 창조신 '비라코차(Viracocha)' 기도문에서

___ 태양의 신

밝음을 다스리는 신이시어!

어둠을 다스리는 신이시어!

밝음의 삶, 어둠의 죽음, 그 진리를 사람에게 주시고

어둠의 거짓[僞] 그 절망을 물리쳐 주소서!

마니교의 기도문에서

___ 하늘과 땅을 낳고, 해를 낳고

이 세상 생명을 낳으신 주재자시어!

그 빛 속에 어두운 나를 이끌어주시고

그 영원한 참 속에 하나 되게 해주소서

이 땅에

헤매는 나, 어두운 나를 이끌어주시옵소서!

바라문[힌두교] 기도문에서

## 1) 헤매는 자아

사람은 생명체다.

사람은 삶을 생각하면서 산다.

사람이 무엇인지를 생각하고 어떻게 사는 것이 참다운 삶인지를 생각한다.

소크라테스(Socrates)는 "중요한 것은 '사람이 살고 있다는 것'이 아니라 '잘 살아가는 것'이라 했다. 잘 산다는 것은 '보람 있게'·'바르게' 산다는 것"을 뜻한다.

사람은 어디에서 왔는가?

사람이 살고 있는 이 세상 대우주는 무엇인가?

생명체! 사람의 생명은 어찌하여 존엄한가?

"사람 개개인의 생명은 지구보다 무겁다." 어느 철인이 한 말이다.

인도 종교 경전 『우파니샤드』에서는 "사람의 개체 속에는 대우주의 숨결이 뛴다"라고 했다. '나'는 우주의, 우주 속의 개체라고 말했다. 그리하여 불교나 그리스도교 등 세계의 모든 종교에서는 인간 개체 자기 자신만이 아니라 개체를 초월한 보편적인 생명체 속에 있음을 말하고 있다. 인간은 대우주 하늘의 분편일 뿐 아니라 영원히 그 질서와 법칙 속의 살아 숨 쉬는 자아(自我)인 것이다.

사람의 개체의 명(命)은 개체 이상의 초월적 차원 속에 그 근원이 있는 것이다. 도스토옙스키(F.M. Dostoevskii)는 그 작품 속에서 "사람이 영원한 생명체임을 모르면 그것보다 비참한 것은 없다"라고 했다.

사람은 생각하는 동물이다. 삶의 진실이 무엇인지를 생각한다.

사람은 불완전하다. 사람은 두려움을 뛰어넘지 못한다.

사람에게는 한계가 있다. 사람은 태어난 곳을 모르고 가는 곳을 모른다.

무상(無常)! 일체는 변한다! 불교에서는 그렇게 말했다. 사람은 머리가 있고, 생각하는 가슴이 있다. 영원이 무엇인지 생각하고 절대가 무엇인지 생각한다.

대우주의 질서란 무엇인가? 이 세상 영원한 진리, 하늘의 뜻은 무엇인가? 사람은 하늘을, 그 빛나는 태양을 이 세상 일체 생명의 질서 속에 하나 되기를 바란다.

신비 속에서의 영원 절대와의 영적(靈的) 명상! 그리고 정령(精靈)과의 교섭! 참의 동경! 신비 체험 속의 영매(靈媒)·엑스터시(ecstasy) 속의 교령(交靈), 불안의 호소, 절망의 탈혼(脫魂)!

사람은 빛을 향해 탄원을 하고, 밝은 삶을 향해 나아가며 문명을 낳았다. 많은 신화(神話)를 낳았고, 절대적 존재와 영적으로 맺어졌다. 많은 신화 속에서 신은 사람 속에, 사람은 신 속으로 파고들었다. 사람들은 자신의 간절한 소망을 이루기 위해 절대적 존재, 영원한 존재를 인격화(人格化)하여 교섭을 진행했다.

사람은 절대의 세계를 모른다.

신을 들여다볼 수 없다.

다만 사람의 명상 속에, 그리고 그 명상의 뿌리인 영혼 속에 울림이 떠오른 것을 신앙 속에 담아 절대적 존재에게 의지할 뿐이다. 그것이 종교다. 종교는 사람만이 가지는 빛, 진리와의 다짐이다. 사람의 불안, 삶의 불안, 죄의 불안 그 모두를 의지하는 것이 종교다.

사람의 한세상은 유한(有限)하다. 영원한 질서 속에 찰나에 불과하다. 사람 하나에 준 시간과 공간은 극히 한계가 있다. 사람은 그 속에 갇혀 있다.

사람은 극히 약하다. 이 한계를 벗어나 영원에 안기고, 불안을 벗어나 절대 속에 안기고 싶어한다. 편안을 찾고 싶어한다. 두려움에서 벗어나고 싶어한다. 불안에서 벗어나고 싶어한다. 죄업에서 벗어나고 싶어한다. 그리하여 사람은 신을 찾는다.

이 세상의 종교는 그래서 존재한다. 그리스도교에서는 죄를 씻어준다고 했다. 불교에서는 '나'를 닦아 나가는 길을 통해 참의 빛을 찾을 수 있다고 했다. 이슬람교에서는 불안을 덜어주면서 따르면 된다 했다.

세계 모든 종교에서는 바로 이 인간이 직면한 불안과 두려움을 덜어가고, 덜어가는 길을 제시하고 있다. 무상(無常)에서 벗어나 영원을 찾고, 불안에서 벗어나 안식을 찾고 고요를 찾으며 죄(罪)의 업(業)에서 벗어나 해탈의 불빛을 찾는 길, 그 길을 사람은 찾는다. 수많은 선지자, 수많은 철인, 수많은 성자가 명상을 했고, 선(禪)을 행하면서 이 길을 찾아 나섰다.

사람은 어떻게 해서 이 세상에 태어났는가? 사람은 시간의 저쪽을 모른다.

생명이란 무엇인가? 사람은 그 생명의 진실을 모른다.

사람은 내일을 모른다.

사람은 생로병사(生老病死)를 들여다보지 못한다.

그리하여 사람은 아득한 옛날부터 우주에 대한 신비(神秘), 하늘과 땅의 조화, 생명의 비밀을 알고 싶어했다.

사람은 사람 자신을 벗어나지 못한다. 다만 사람에게 속한 것에서 사람을 벗어날 수 있는 것은 마음·영혼(靈魂)·정령(精靈)뿐이다. 따라서 '영혼'이나 '정령'을 통해 옛사람들은 대자연에 유감(類感)하고 영매(靈媒)하면서 혹은 주술(呪術)적으로 불이나 물·비·천둥·바람 등을 모방하거나 접촉·접융(接融)하고자 했고, 또는 '엑스타시' 즉 탈혼(脫魂)의 형식을 취해 '샤머니즘'적으로 정령을 상대하기도 했다. '탈혼'이나 '빙의(憑依)'·'퍼제션(possession)' 등으로 영혼의 교섭을 이루기도 했다.

종교의 원시적인 모습은 인간이 원천적으로 지니고 있는 '신비주의(mysticism)'가 불러온 것이다. 사람은 불가사의한 현상이나 존재, 사람의 머리나 가슴이 닿지 않는 자연의 현상이나 생명의 현상에 대해, 특히 생명의 삶과 죽음, 태어남과 사라짐에 대해 영(靈)과 밀의(密儀) 속에 지내왔다.

'샤머니즘(Shamanism)' 속에 조령(祖靈)이나 정령(精靈)과 접융했고, '애니미즘(animism)' 속에 영적 교섭을 했으며, '토테미즘(totemism)' 속에 조상이나 동식물과 교혼하면서 지내왔다.

사람은 과거 속에서도 살아왔고, 현대에서도 산다.

시간이란 무엇이고, 이 세상이란 무엇인가?

사람은 생각을 한다. 사람은 머리가 있다. 과학적으로 탐구하고, 철학적으로 사고한다.

그러나 사람은 영원히 삶을 못 들여다보고, 죽음을 들여다보지 못한다.

현대인들은 죽음을 어떻게 보고 있는가? 사람의 힘은 그것을 캐지 못한다.

삶의 날!

사람들은 '생전(生前)'이라고 말한다. 생전이란 '하루만의 날'이 아니다. 사람의 날도 있고 신의 날도 있다. 며칠 전도 있고, 몇천 년 전도 있고, 몇 년 전도 있다. 하루는 어제와 같고, 오늘은 어제 속에 있다.

'때'란 무엇인가?

'때'는 우주의 회전 속에 있다.

'날'이란 무엇인가?

사람의 눈은 '날' 속에 집착한다.

신의 '날'은 낮과 밤을 하나로 보는 영원의 '때'다. 사람의 '날'과 신의 때는 같은가 다른가, 먼가 가까운가?

사람의 혼(魂)은 때와 곳을 초월해 신을 따른다. 신의 '때' 속에 사람의 찰나는 미치지 못한다. 신은 그 '때' 속에서 사람이 보는 '날' 속에 일어난 만물을 만들었고, 천 년, 만 년이 지난 오늘 이 순간에도 계속한다. 이 순간은 천 년 만 년의 긴 시간의 연속이다. 사람은 이 순간 참에 집착한다. 사람이 신에 안기는 것은 이 찰나 속에 빠지는 것이 아니라, 신의 영원한 시간을 혼 속에 포개는 것이다.

____ 사람의 '날'과 신의 '때'는 하나다. 그 하나 속에 과거가 있고 미래가 있다.

그 '때' 속에 생성이 있고 변화가 있으며, 사멸이 있다. 그 '날' 속에 타오른 불꽃이 꽃무늬를 일으키기도 하고 재처럼 식기도 한다.

____ 사람은 '날' 속에 빠져들고 허우적댄다.

『**법구경**(法句經)』**에서**

영원의 때, 절대의 때 속에 함께하는 것이 신앙이다.

## 2) 죽음, 그리고 사람

사람은 죽는다.

사람은 죽음의 그늘 속에서 산다.

죽음이 무엇인가?

이 문제는 '삶이란 무엇인가' 만큼 풀기 어려운 문제다.

사람은 죽음을 들여다보지 못한다. 신앙으로만 간신히 들여다본다. 믿음 속에서, 그리고 그 세계를 소망한다.

이 세상 종교는 죽음의 문제를 다룬다. 종교는 삶의 길을 탐구하는 신앙이기도 하지만, 죽음의 문제를 신앙하는 것이 핵심이기도 하다.

삶은 죽음 속에 있다. 죽음은 삶 속에 있다.

삶이 무엇인가의 문제는, 곧 죽음이 무엇인가의 문제다.

모든 종교는 '죽음'을 명상한다. 삶 속에 죽음을 포개고, 죽음 속에서 삶을 포갠다. 삶의 참길, 영원한 길을 죽음을 바라다보며 찾는다.

종교는 참다운 삶을 신앙하고, 참다운 죽음을 신앙하는 것이다.

종교에서 죽음의 문제를 직접적으로 언급한 대표적인 경전으로, 티베트(Tibet)의 『사자(死者)의 서(書)』를 들 수 있다.

티베트 라마교 경전에는 『사자의 서』, 곧 『바르도 퇴돌(Brado Thodol)』이 있다. 『사자의 서』는 8세기경 '파드마 삼바바(Padma Sambhava)'가 만들었다고 전해진다. 지은이로 알려진 파드마 삼바바라는 이름은 본시 '연꽃 위에서 다시 태어난 자'를 뜻한다. 이 'Brado Thodol'은 '낮과 밤, 산사람과 죽은 사람이 듣는 것만으로도 영원한 자유에 이른다'는 의미다. 그리고 또 하나는 고대 이집트의 『사자의 서(The Ancient Egyptian Book of the Dead)』가 있다. 주로 주문(呪文)으로 구성된 이 책은 '경전'으로 치지는 않는다.

"죽음을 배우라. 그래야만 참다운 삶을 배울 수 있다."

이것이 이 『사자의 서』의 주제들이다.

다음으로 티베트 종교의 바탕이 되고 있는 경전 『사자의 서』 속의 죽음·해탈 사상의 면모를 살펴보겠다.

고대 히말라야 만년설을 넘어온 성자 파드마 삼바바는 한 동굴 속에서 시간과 공간을 초월하는 우주의 소리를 명상·수행을 통해 깨달았다. 성자는 그 진리를 100여 권에 담아 굴속에 보관했는데 그중에서 오늘날까지 전해지는 것은 65권이다. 이 65권이 오늘날 티베트 라마교의 경전이 되었다.

"죽음을 배우라."

이 성자의 목소리는 세계의 지붕 히말라야의 백설을 타고 하얀 눈, 햇빛, 푸른 물과 함께 세상에 퍼졌다.

"삶과 죽음 사이의 진리, 우주의 자유를 누리는 진리" 이것이 이 『사자의 서』에 제일 먼저 나오는 주제어다.

"삶은 죽음으로부터 나온다."

『사자의 서』는 과학적이고 명상적인 방법으로 인간 존재를 탐구한 책이다. 많은 철학자들은 '티베트'의 『사자의 서』를 '이집트'의 『사자의 서』와 함께 이 세상에 존재하는 삶과 죽음의 철학서라고 말했다. 『사자의 서』를 번역·편집을 한 에번스 웬츠(E. Wentz)는 이 경전이 참다운 죽음의 예술을 배우는 책이라고 말한다.

"삶은 아름다워야 한다. 그러나 그것 못지않게 죽음도 아름다워야 한다"·"참다운 죽음은 참다운 삶이요, 죽음의 아름다운 빛은 삶의 아름다운 빛이다".

'대승불교'에서는 인간을 영적으로 강화시켜 명상이나 삼매(三昧, samadhi) 참선을 통해 죽음을 내다본다. 죽음을 내다보는 것이 삶을 내다보는 것이다.

『사자의 서』는 대승불교의 교리를 압축해 놓은 설명서이기도 하다는 평을 받는다. 영원한 영혼의 윤회, 즉 삼사라(Samsara)에서 죽음과 환생(還生) 사이의 중간 상태에서 일어나는 윤회의 전체 과정을 합리적으로 다루고 있다.

삶이란 업(業), 즉 '카르마'의 연결고리에 의해 전개된다. 오늘날 세계의 어느 종교에서든 간에 이승은 그것으로 단절되는 것이 아니라, 저승의 천당·지옥으로 연결된다고 말한다.

___ 우리의 눈에 보이는 것, 현존하는 것은 끝없는 우주의 파노라마에서 어떤 모양과 소리, 인식되는 것, 이것이 법신(法身)·보신(報身)·화신(化身)이다. 죽음에는 과정이 있다. 육체로부터 의식체를 완전히 분리하는 '바르도(Bardo)체'를 겪는 것이 첫째 과정 '포와(Phowa)'다. 이때 사자의 영혼은 보이지 않는 정기(精氣)가 되어 몸체에서 49일 사이에 빠져나간다.

인간의 몸은 하늘의 물·불·공기·바람·흙 등 원소로 되돌아가고, '아미타바(阿彌陀婆, Amitabha)' 곧 무한한 빛의 신에게 받쳐진 몸에서 죽음과 삶 사이 즉 '바르도' 사이에서 선과 악의 '카르마'를 잰 뒤 태어남도 없고 형태도 없는 법신 보현(普賢)보살 곧 전선자(全善者)에게 가거나 현상을 일으킨 자, 원인의 원인, 만물의 씨앗, 정액, 무한한 공간의 어머니, 우주의 자궁인 '비로자나불(毘盧遮那佛)'·'바즈라 사트바(Vajra-sattva, 금강살타)' 등에게로 돌아간다. 또한 카르마에 따라 인간의 번뇌·욕망, 동물적인 세계로 가기도 한다.

『사자의 서』에는 환생 사상과 관련해 우주론이 나온다. 우주는 형이상학적 태원인 '수미산(須彌山)'으로 표현하다. '수미산'에는 '만다라(Mandala)'에 의해 모든 진리의 불과 보살·여래·명왕·천(天) 등이 진좌(辰坐)해 있다. 이들은 모두 우주를 다스리고 섭리하며 사람, 그리고 일체의 생명의 명(命)을 관리한다.

___ 바르도 퇴돌 그곳은 끝없는 공간도 아니요, 끝없는 생각도 아니요, 무(無)도 아니요, 생각과 생각 아님[想非想]도 아니다. 그곳은 이승도 아니요

저승도 아니며, 그곳은 오는 것도 없고 가는 곳도 없고 머묾도 없고 죽음도 없고 태어남도 없다. 그곳은 슬픔의 끝이다.

어떤 대상에 달라붙으면 떨어짐이 있지만, 대상에 집착하지 않으면 떨어짐이 없다. 떨어짐이 없는 곳에 휴식이 있고, 휴식이 있는 곳에 욕망이 없다. 욕망이 없으면 가고 옴이 없고, 가고 옴이 없으면 이승·저승, 그리고 '바르도 그 사이'도 없다. 그러니 모든 슬픔도 끝난다.

제자들이여! 변하지 않고, 태어나지 않고, 만들어지지 않고, 형상을 갖지 않은 세계가 있겠는가? 만일 이런 불변·불생·부조(不造)·무형의 세계가 없다면, 변화하고 태어나고 만들어지고 형상을 지닌 세계로부터 벗어날 방법이 없을 것이다. 그러나 불변·불생·부조·무형의 세계가 있기 때문에 변화하고 태어나고 만들어지고 형상을 가진 세계로부터의 벗어남이 있는 것이다.

삼사라, 곧 윤회에 나타나는 존재는 현상에 의존한다. 현상은 마음에만 나타난다. 실체는 없고 환영, 즉 '라마'가 있을 뿐이다. 천신·악마·신령·중생과 같은 존재는 어떤 곳에도 없다. 이 모두는 원인에 의존한 현상뿐이다. 원인이란 육체적 감각과 윤회의 삶을 추구하는 욕망이다. 이 원인이 깨달음으로 극복되지 않는 한 죽음은 태어남을 뒤쫓아 끝이 없다.

사후 세계는 이승에서 만들어진 현상의 연속인 '카르마[업]' 법칙에 지배를 받는다. 죽음과 환생의 사이인 바르도에서 일어나는 일은 이 생에서 어떤 행위를 했는지에 따른다. 완전한 깨달음은 윤회계, 존재 자체가 환영 즉 '마야'이며, 실재하지 않는 현상임을 안다. 깨달음은 인간 세계에서도 다음 세계에서도 가능하다. 명상·수행은 바른 지식에 이르기 위한 필수 과정이다. 바른 지식·명상에 이르기 위해서는 스승의 가르침을 받아야 한다.

___ 이 세상 인류의 가장 위대한 스승은 고타마 붓다(Gautama Buddha)다. 그는 윤회의 큰 바다를 건너 열반, 곧 '니르바나(nirvana)'에 이르기 위해 아득한 세월 이전부터 수많은 붓다들이 펼친 빛이다. 아직 환영(幻影) 즉 '마야(Maya)'의 그물에서 완전히 벗어나지 못했지만, 이 세계나 다른 세계에 존재하는 영적 깨달음의 보살 즉 '보디사트바(Boddhi-sattva)'나 스승들보다 뒤처져 구도의 길을 걷는 신도나 제자 들에게 거룩한 축복과 능력을 베풀 수 있다.

___ 모든 존재의 궁극은 윤회로부터의 해탈이며, 열반을 실현하는 데 있다. '니르바나'는 극락과 천상계·지옥계, 그밖에 6도(道) 세계를 초월한 벗어난 경지다. 니르바나는 슬픔의 소멸, 존재의 근원, 흙·물·불·바람이 없는 세계, 불이 꺼진 하늘이다.

___ 사후 세계와 환생의 세계, 그 중간의 하늘, 그 세계는 꿈속에서 보듯 보며 업(業)에 따라 심령 상태의 환각 속에 심판을 받는다. 이 세계, 이 차원에서 높은 하늘을 위해 자비와 수호의 신이 돕는다.

___ 빛이 밝아오며 환생 과정에 들어간다. 심령은 태원을 찾아 방황하며 그 속에 들지 않기 위해서는 오직 결심을 품고, 선한 '카르마'의 밧줄을 놓지 말아야 한다. 명상에 명상을 하면 원하는 것이 나타난다.

___ 성교 중인 남녀의 사랑은 폭풍우, 충돌 소리, 유령들의 환영을 느끼다가 다시 마음을 찾는다. 태어나지도 않고 죽지도 않는 명상을 정진한다. 태원을 선택하는 것이다. 환생할 장소가 환영으로 나타나 여러 차원, 여러 삶과 사람의 세계, 짐승의 세계가 번갈아 출현한다. 이들로부터 자기를 지켜야 한다. 마지막으로 '태원에 태어남'과 '초자연적 태원' 두 가지를 선택한다.

명상을 계속하면 극락세계에서의 초자연적 탄생을 얻고 그 태원을 통한 인간 세상으로 다시 돌아온다.

『바르도 퇴돌』은 또 다음과 같이 매듭을 지었다.

___『사자의 서』의 가르침을 바로 이해하면 생전 세계와 사후 세계에서 방황할 필요 없이 곧장 공중으로 난 수직의 길을 통해 곧바로 영원한 하늘, 자유세계에 이른다. 이것이 깨달음이다.

그러나 정말로 악한 업을 가진 사람은 깨달음을 얻지 못하고 공포와 두려움에 휩싸이게 된다. 그를 위해 업을 벗어나는 수행을 가르치는 것이다. 악업을 쌓은 자라도 이 가르침을 듣고 깨달으면 된다.

이 가르침을 실천하기 위해 살생을 해서는 안 된다. 이 가르침은 명상이나 신앙을 실천하지 않더라도 이것을 보여주거나 가르침을 깊이 넣어주면 된다. 설사 악행을 저지른 카르마까지도 이 진리를 터득하면 통로를 통해 자유에 이를 수 있다. 이 빛의 가르침을 통해 죽음의 순간에 해탈의 경지를 얻게 된다. 벗어남·해탈이 곧 빛의 열반이 되는 것이다.

『사자의 서』는 오늘날 티베트 불교인 라마교의 경전으로 승도들의 빛이 되고 있고, 많은 철학가·사상가에 의해 번역되어 전 세계로 전파되었다. 그리고 모든 기본 이념이 되기도 한다.

『사자의 서』의 전체 짜임을 보면 첫째 권은 '치카이 바르도(Hchikhahi Bardo)' 곧 '죽음의 순간의 사후 세계'에서 최초의 빛으로 사자를 인도하는 시기와 사람, 다음으로 '초에니 바르도(Chosnyid Bardo)' 곧 '존재의 근원을 체험하는 사후 세계'를 담았다.

둘째 권은 '시드파 바르도(Sridpahi Bardo)' 곧 '사후 세계의 몸'과 '초능력'에 대해 말했다. '사후 세계 존재의 특성'·태원의 추구 수행 등이 그 내용이다. 그리고 뒤에 『사자의 서』 부록으로 '기원문'이 실렸다. 1927년 옥스퍼드대학 출판부에서 펴낸 『사자의 서』에는 독자의 이해를 위해 부록으로 요가(yoga)·탄트라(tantra)·만다라(mandala)·만트라(mantra), 스승과 제자의 입문, 선(禪)의 수행 등 문제에 대해서도 해설을 붙였다.

죽는다는 것이 무엇인가?

옛 성자들은 한결같이 죽음을 삶에 연결해 생각했다. 모든 종교에서는 '죽음'을 말하는 속에 반드시 '삶'을 포갠다. 사람은 영원한 삶을 동경한다. 그런데 그 영원한 삶은 내세에 있는 것이 아니라 현세에 있다고 말한다. 참다운 생명 존중 사상이 곧 내세로 직결된다. 티베트 『사자의 서』도 그렇지만 인도 고대 아리안족의 사상에는 '카르마[업]'와 '삼사라[윤회]' 사상을 통해 현세의 삶과 내세의 다시 태어남을 말했다.

내세의 영원은 현세 속에 있다. 이 세상에 쌓은 선업(善業)이 곧 내세의 영원을 결정하는 것이라 말한다. 이 사상은 인도의 종교인 불교나 자이나교(Jainism)도 그대로 계승했고, 조로아스터교, 그리고 오늘날 존재하는 세계의 모든 종교에서도 그대로 말한다. 내세의 하늘나라, 즉 천국은 현세 속에 있는 것이다.

영원한 빛의 세상! 그 참의 밝은 세상이 무엇인가? 모든 종교에서는 '하늘나라'·'천국'·'신의 품'을 말한다.

불교에서는 불심(佛心), 여래(如來)의 경지, 해탈(解脫)의 정토(淨土)를 말한다. 유교에서는 도(道)의 경지가 하늘이다. 『우파니샤드』에서는 대우주 '브라만' 속에서 '나'·'아트만'이 우아일여(宇我一如)되는 경지라 했다.

특히 불교의 대승(大乘) 사상에서는 선(禪)을 통해 신심일여(身心一如)·생사즉열반(生死卽涅槃)·견성(見性)을 통해 정토(淨土)에 왕생(往生)하는 것을 강조한다.

죽음은 삶이다. 삶을 참되고 바르게 사는 것이 죽음을 참되게 하는 것이다. 신을 신앙하는 것은 그 삶의 빛을 섬기는 것이다.

신앙이 무엇인가?

신앙은 참된 '나'를 찾는 것이다. '나의 삶'은 '나의 참'을 두드리고 닦는 수행 속에서 태어나고, '나의 죽음'은 '나의 빛'을 찾고 '나의 심신'을 닦아나가는 수행 속에서 영원한 길을 가는 한 과정에 불과하다.

눈을 감는 것이 죽음은 아니다. 그 죽음은 새로운 삶의 태어남이요, 이 세상에 태어남은 또한 새로운 태어남 속에서의 죽음이다. 삶과 죽음은 같은 말이다. 이것은 하나의 고리다. 삶이란 신의 뜻, 우주나 하늘의 뜻을 두드림이요, 죽음이란 그 뜻, 그 길, 그 빛 속의 찾음이다.

신앙이란 진정한 '나'를 찾는 길이요, 수행이란 '나' 속에 우주의 빛을 결합하는 일이다. '나'는 삶과 죽음이 하나인 소우주다. 소우주란 그 모체인 대우주의 빛 속의 '나'다.

삶과 죽음의 문제는 신앙으로 승화시키는 것이 중요하다. 이러한 문제를 생각하는 학습의 길, 탐구의 길, 신앙의 길이 모든 종교의 경전·성서라고 생각한다.

서양 철학사에서도 죽음의 문제는 삶의 문제와 함께 가장 많이 논의된 주제다. 플라톤(Plato)은 "육체는 멸해도 혼(魂)은 불사"라고 했다. 또한 피타고라스(Pythagoras)는 "죽음이란 육체에 묶인 혼의 해방"이라고 했다. 니체(F. Nietzsche)가 말한 "신은 죽었다"라는 말도 사실은 사람 명운의 영원회귀(永遠回歸)를 생각하면서 말한 역설(逆說)이라 볼 수 있다. 그리스도교에서는 한결같이 죽음은 부활하며, 신의 곁에 가서 영원을 산다고 했다.

이처럼 '플라토니즘(Platonism)'이나 그리스도교는 '죽음'을 바라보는 '혼의 불사'·'사후 영생 신앙'을 낳았다. 여기에 근대적 이성의 입장에서 새로운 견해를 밝힌 철인이 독일 '관념론'의 대표자 피히테(J.G. Fichte)다.

칸트(I. Kant)에서 출발해 헤겔(G.W.F. Hegel)에 이른 독일 관념론은 불사(不死)와 영생(永生)에 대한 강한 확신이 공통되지만, 피히테는 사람들의 '자기'·'나'라고 하는 '정체'를 '대자성(對自性) 속에서의 자각체'로 생각했다. 그는 "인간의 생명은 영원이며 불멸"이라 주창하면서, 자연과의 일체는 죽음, "사(死)는 곧 출생(出生)"이라고도 못 박았다. "자연 속에는 사멸이라는 원리는 없다"라고 했고 "늙어감 속에서 새로운 생명이 태어난다"라고 했으며, "죽음은 객체가 아니요, '자기'·'나' 속의 생명이 태어남이다"라고 했다. 또한 "자연 속에는 죽음이란 없다"·"죽음은 무(無)로 돌아가는 것이 아니라, 새로운 존재 속의 삶"이라 했다.

이러한 피히테의 '생사의 원리'는 하이데거(M. Heidegger)의 죽음의 철학으로 이어진다. 그는 인간 존재를 따로 나누어 '현존재(Dasein)'와 '죽음에의 존재(Sein Zum Tode)'로 정의했다. 이것은 사람은 언젠가 죽는다는 뜻이 아니라, 낳는다는 것 즉 '생(生)'은 죽는 존재 '사(死)'에 이르게 마련임을 강조하는 말이다. 사람이 "산다는 것은 죽음이 있기 때문에 하는 말"이라는 것이다. 그는 죽음은 밖에서 사고(事故)처럼 오는 것이 아니라, 현존재의 삶 속에 함께 있다고 했다. 죽음이란 "현존재의 존재 불가능의 가능성"이라 했다. 하이데거는 죽음을 피안(彼岸)으로 보지 않고, 현존재로 본 것이다. 그는 죽음을 비관하거나 절망으로 보지 않고, 담담하게 받아들였다.

이 세상 종교는 삶 속에 죽음을, 죽음 속에 삶을 하나의 신의 뜻으로 포개어, 그 빛을 추구하는 데 바탕을 두고 있다.

### 3) 우주, 그리고 사람

사람은 죽는다. '죽음과 삶!' 그리고 '삶의 참은 무엇인가!'

이 문제는 사람의 삶, 인류의 삶에 대한 생각 속에서 떠난 일이 없다. 그리하여 신앙 속에 이 문제가 핵심으로 다루어져 왔다.

철인 슐라이어마허(F. Schleiermacher)는 종교론에서 사람의 삶과 죽음을 우주 섭리에 연결해 "신앙의 본질은 사유도 아니고 행위도 아닌 직관이며 감정"이라는 말을 했다. 그는 "종교란 우주를 직관하려는 것이다"·"삶과 죽음은 그 속에 있다"라고 하면서, "우주란 자연과학의 대상이나 물질적 우주만이 아니라 시간과 공간 사이에 있는 물질적 우주도 포괄하고 있다"라고 했다. 그리고 사람의 삶을 우주 속에서 아는 것, 즉 그 우주 속에서 자기가 존재하며 그 힘에 의해 존재한다는 '우주 속의 자기 위치'를 직접 의식하는 것이 '삶과 죽음을 생각하는 종교의 본질'이라고 했다.

슐라이어마허는 형이상학·철학과 도덕만으로 이루어진 우주관만으로는 안 된다고 하면서, "형이상학은 인간의 사유에 의해 우주를 지적으로 재구성하려고 하며, 도덕은 자유의 의식에서 출발해, 우주 속에 인간의 이념을 실현하려는 것"이라 했다. 이렇게 되어야 무한자로서의 우주는 하나로 숨게 된다는 것이다. "우주가 참의 우주로 나타나려면 인간의 사유와 행동의 능동성을 버리고, 우주 그것에 능동적으로 몸을 맡겨야 한다"라는 지론을 폈다.

이것이 우주의 직관과 감정이라 했다. 삶과 죽음도 그 속에서 생각해야 함을 말했다. 종교란 인간이 한 사람의 적자(赤子) '씨알' 상태가 되어 우주의 역할을 전면적으로 받아들이는 것에 불과하다는 것이다. 종교는 형이상학이나 도덕과 같이 사람이 우주를 포착하려는 것만이 아니라 우주의 역할에 의해 인간의 삶과 죽음이 포착되는 것이라 했다. 그의 이러한 우주에 대한 생각은 일부 철인들의 비판도 받았으나 대체로 신앙과 종교의 본질을 잘 포착했다는 평을 받았고, 종교 속에 영원한 신비의 존재, 절대의 존재 '우주와 사람'의 신앙을 통해 포개는 역할을 했다.

사람은 혼자 살 수 없다. 사회와 역사 속에서 살아간다. 공동체 속에서 살아간다. 그러나 이러한 사회나 역사도 무한의 우주 속에 존재한다.

인간 존재는 사회적·역사적 존재이지만, 또한 우주적 존재다. 사회적·역사적 존재로서의 인간은 정치·경제·학문·과학기술·윤리 등 유한적 행위로서 행한다. 그리고 사회 현상의 하나로서의 종교도 그 역사나 교단은 유한 속에 이루어진다. 따라서 사람의 행위는 우주의 힘에 의존하지 않을 수 없다. 그는 그리스도교 신앙의 틀 속에서 이러한 '절대 의존적 감정'을 잘 나타냈다.

사람의 생사나 제반 문제는 우주에 맡길 수밖에 없다. 종교도 따라서 '우주 내 존재로서의 인간의 문제'라고 했다. 그러나 이 속에는 삶에서의 '평화'와 동시에 '불안'이 공존하게 된다. 사람의 유한은 우주의 무한에 닿을 수가 없다. 유한자는 무한자에 대해서는 '하나'가 아니라 '영'이 된다. 유한자인 인간은 무한자인 우주 속에서 허무를 느끼게 된다. 또한 불안을 느끼게 된다.

우주 내 존재로서의 인간은 풀 수 없는 심연에 직면한다. 무한의 우주 속에 사실은 무(無)의 상태에 직면하는 것이 인간이라는 존재다. 그리하여 키에르케고르(Kierkegaard)는 '불안과 무'를 말했다. 하이데거는 "불안보다도 공포"라고 했다. 그리하여 이러한 불안이나 공포 문제는 신앙과 종교를 낳게 된다.

사람은 우주 속에서 산다. 그러나 우주라고 하는 광대무변의 얼굴, 그 신비적 존재, 경이의 존재, 절대 영원의 얼굴을 알 수가 없다. '나' 인간은 처음부터 이 세상에 있지는 않았다. 사람은 누구나 불과 몇십 년 전에 지구에 온 것뿐이다. 옛날도 그렇고 오늘날도 그렇다. 어디에서 왔는가, 우리는 그것을 모른다. 무엇이 참인가, 우리는 그것을 모른다.

무한의 시간, 이 속에 사람은 어디에서 왔는가? '나'는 그 속에 무엇인가? 이것을 우리는 알지 못한다.

사람은 태어나 살고, 살다가 간다. 가는 곳을 내다보지 못한다. 어디에서 왔는지도 모른다. 더 나아가서 '나' 자신을 모르는 것이 사람이다. '시간'이란 무엇이고, '공간'이란 무엇인가? 광대무변의 우주, 영원한 우주 속 사람, 그리고 나는 어디에 서 있는가? 알고 보니 사람은 우주 속에 있는 것을 지각할 뿐이다.

### 4) 죄 혹은 업, 그리고 사람

사람은 죄(罪)를 짓는다.

사람의 삶에는 욕심이 일고, 번민이 인다.

사람은 헤맨다.

사람은 어둡다.

그리하여 모든 종교에서는 죄(罪)의 문제를 깊이 다루었다. '죄악생사(罪惡生死)'·'죄업(罪業)' 등. 그리스도교에서는 '원죄(原罪)'를 말했다. 이러한 죄의 관념은 불안한 자기 존재 속, 주체적인 깊은 내성(內性)을 통해 자각 속에서 생성된다. '원죄'의 관념은 인간 존재의 바닥 모를 어두운 심연의 문제의식이라 할 수 있다.

이 세상에 태어난 것, 그것이 죄인가? 원죄란 무엇인가? 사람은 왜 이 문제에 시달려야 하나?

이 세상 모든 종교는 어둠에서 벗어나는 길, 죄에서 벗어나는 길을 말한다. 번민에서 벗어나고 욕심에서 벗어나며 두려움과 불안에서 벗어나는 길을 말한다.

불교에서 죄는 생사유전(生死流轉)하는 것이라고 말한다. 이것이 윤회(輪廻), 곧 '삼사라'다. 전생(前生)·현생(現生)·후생(後生)으로 죄의 문제는 유전된다고 한다. 삶 자체가 생사해(生死海)인데, 그 수레 '마니코르(Mani khor, 기도바퀴)'는 죄의 인과응보에 따른다. 사람의 삶은 시작과 끝이 없다. 생사유전(生死流轉)하는 존재가 이 세상이다. 그것이 사람이다. '있다[有]'고 하는 것, '행(行)한다'고 하는 것, 그것이 무엇인가? 불교에서는 그리하여 '무명(無明)'이라는 가르침을 준다. 자승자박, 자기중심성의 자기 폐쇄성, 즉 그것이 아집(我執)이요, 무명(無明)이다.

사람은 그냥 존재하는 것이 아니라 자기 자신을 옥죄인다. 아집(我執)! 죄업 속에 속박되어 있는 삶, 업! 그것이 사람의 삶이라 했다. 자기 절망적 관점, 숙명 속에 바라보는 죄업관(罪業觀)! 물론 이 교시 속에는 이 세상에서 착한 일을 많이 하여 죄업에서 벗어나야 한다는 교훈적 측면도 있다. 그러나 사람은 '죄'라는 불안 속에 허덕이는 존재임이 틀림없다. 키에르케고르는 죄의 문제와 관련해 "절망은 죽음에 이르는 병"이라 했다. 이 말은 역설적으로 '죽으면 병이 낫는다'는 이야기가 아니라, 도리어 절망은 죽어도 끝나지 않는다는 뜻이 담겨 있다. 불교나 그리스도교에서도 '죽음'은 끝이 아니라고 말한다.

모든 종교는 바로 이 점에 뿌리를 둔다. 죄에서 벗어나려면 이 세상에서 자신을 닦아야 한다. 그것이 신앙·종교의 입장이다.

죽음[死]·죄(罪)·불안(不安)·허무(虛無) 등 이러한 문제는 구제·구원의 길이 무엇인지에 직면하게 된다. 이것은 사상의 문제만이 아니요, 주의나 철학의 문제도 아니다. 이러한 문제는 윤리나 도덕, 역사적·사회적 문제만도 아니다. 이 세상에 존재하는 인간 자체의 문제, 내재의 문제, 인간 내성의 문제, 원초적인 생명체로서의 인간의 문제다. 따라서 이러한 문제는 '사람 자체가 무엇인가'의 문제로 연결될 수 있다. '사람 자체가 태어나고'·'사람이 된 원천' 속에서 찾아야 할 문제다. 따라서 이러한 문제는 '사람이 닿지 않은 원초적인 힘이나 빛' 속에서 찾아야 한다. 그리하여 사람은 신을 찾는다.

이 세상의 주의라는 것, 사상이라는 것, 그 모두는 삶을 다룬다. 이 세상의 모든 철학은 삶의 불안, 삶의 뜻을 다룬다. 그 속에 가장 직접적으로 다루는 것이 신앙이요, 종교다.

많은 철인들이 신을 말했지만, 신을 모른다. 플라톤, 스콜라철학(Scholasticism), 토마스 아퀴나스(Thomas Aquinas), 파스칼(Pascal), 키에르케고르, 니체 등. 그 모두는 신의 문제를 심도 있게 바라보았다. 그러나 그것만으로 끝난 것은 아니다. 사람의 근원적인 문제로 삶·죽음·죄업·불안·허무·두려움의 문제가 제기되었다.

사실 이러한 문제는 종교적인 입장을 떠나서는 원초적으로 풀 수가 없다. 철학의 문제이기도 하지만, 철학을 초월한다. 이러한 문제는 인간을 낳고, 이 세상을 낳은 절대적 존재, 창조적 존재, 우주·대자연, 일체의 생명체를 낳고 다스리는 유일한 창조의 존재, 그 섭리의 존재, 그 진리의 존재에 의지하고 또 의지할 수밖에 없다. 이러한 문제는 학습의 문제, 예술의 문제, 과학이나 문화의 문제가 아니라 이 한계를 벗어난 인간 생성의 원초적 문제이기도 하다. 인간의 지능이나 감정, 의지만의 문제가 아니요, 도덕이나 윤리의 문제만이 아니다. 그러나 그렇다고 인간 밖에서 해결할 문제는 더욱 아니다.

인간의 문제, 인간 삶의 문제는 인간 자체에서 발원해야 한다. 인간에게 고유한 이성, 인간 속에 깃들인 양심, 내재적 심령, 인간 내부의 자각, 인간이 추구하는 윤리·도덕, 자율의 역동성, 인간의 철학 등에 기대는 수밖에 없고, 무엇보다 신앙이나 종교에 의한 구제를 생각하지 않을 수 없다.

# 2. 神은 무엇인가?

눈은 태양을!
기(氣)는 바람을!

소리는 숨결을 타고
하늘에 흩어진다.

바람을 사르는 어둠 속 울림!

빛의 목 메임
명상!
기(氣) 속에 나를 끼워
태양의 숨결 속에
때를 재운다.

눈은 태양을!
그리고
기(氣)는 바람을!
참선!
나는 어둠의 무엇이고
빛은 이(理) 속 무엇인가.

___ '구경(究竟)'의 진리란 딴것이 아니다.

본래의 마음, 해탈(解脫), 보리(菩提)의 도(道)는

먼 것이 아니다.

진리의 마음, 선인이 가는 길은 오직 한 길

미워하지 않고, 좋다 싫다 따지지 않는 것이다.

'나'라는 '나'는 없다.

생각! 이것이 '나'는 아니다.

긍정·부정, 이것이 나는 아니다.

'나'는 깨쳐야 한다.

깨달아야 한다.

'나'는 우주의 진리와 주인공, 근본 마음이다.

『대승경전』에서

## 1) 신의 얼굴

사람이 불완전하다면 그 완전한 존재가 있어야 한다.
이 세상이 '무상(無常)'하다면 '유상(有常)'이 있어야 한다.

이것은 논리가 아니라 필연이다.

'이승'이라는 말과 '저승'이라는 말을 써본다.

이승에 사람을 낳고 천지만물 속에 살아가게 하며, 저승에 가게 하는 창조의 존재, 섭리의 존재가 있어야 한다.

우주만물은 질서정연하게 유지·존속한다. 일사불란하다. 이는 절대적이다. 영원한 진리다. '여기에는 반드시 사람이 닿지 않는 영원한 주재자(主宰者)가 있다.'

그 존재가 신이다. 그 존재를 인간은 빛·밝음·창조주·섭리주로 표현한다.

사람의 언어로는 그렇게밖에 표현할 길이 없다.

신령(神靈)의 존재, 우주, 하늘, 빛의 존재. '신'이란 말 속에는 '언령(言靈)'이 담겨 있다.

신은 사람이 한계를 넘지 못하는 두려움이나 불안을 구제하고 구원하는 존재다.

사람은 운명을 뛰어넘지 못한다. 그리하여 신은 사람의 명운(命運)을 다룬다.

사람은 이 세상, 하늘, 우주, 대자연의 질서, 섭리를 들여다보지 못한다. 그리고 생명의 생성기멸의 비밀을 모른다. 그리하여 신은 대우주를 창조하고 이 세상 일체의 생명체를 낳고 유지하며, 이 세상을 다스린다.

사람은 죽음을 모른다. 그리하여 신은 영원하며, 이승과 저승을 다스린다.

사람은 욕심이 있고 서로 싸운다. 그리하여 신은 사람의 마음을 다독이고, 서로 사랑하도록 구원을 베푼다.

사람은 어둡다. 사람은 불안하다. 사람은 외롭다. 그리하여 신은 밝음과 참의 존재로서 따뜻한 구원과 사랑·자비의 영원한 품을 열고 있다.

신은 두드리는 사람의 마음을 열어준다.

신은 섬기는 사람의 바람을 도와준다.

신은 바르게 살고 착하게 사는 사람 편이다. 죄를 짓거나 남을 해코지하고 욕심을 부리는 사람은 이승에서 저승까지 신이 뒤쫓으며, 밝음의 하늘과 어둠의 지옥으로 다스린다.

신은 대우주의 천지만물, 일체의 생명 속에 존재한다. 그러나 그 신은 사람이 볼 수 없고 만지지 못하며 알 수가 없다. 다만 신을 섬기는 사람의 마음, 영혼 속에 존재한다.

신은 사람이 눈으로 부른 존재가 아니라 영혼으로 부른 존재다. 이 세상에 신들은 '신비주의'·'수피즘'의 밀의(密議) 속에 사람과 인연을 맺는다.

이 세상에는 여러 얼굴의 신이 등장했다. 그러나 이 신들은 신이 등장한 지역의 환경·역사 속에서 신이 출현한 동기나 과정·기연(機緣) 등 '신비주의'의 영역은 같으면서, 또한 같지 않다.

『베다(Veda)』 속에 등장하는 '브라만' 등 신은 대우주에서 나타났다. 『탈무드(Talmud)』 속의 신, 『코란(Qur'an)』 속의 신은 계시(啓示) 안에 나타났다. '붓다(Buddha)'의 『대장경』 속에 등장하는 여러 '여래(如來)'·'보살의 신'은 '깨달음'에 이른 '붓다'로 모셔졌다. 그리고 유교나 도교 속에 등장하는 '하느님'·'천제(天帝)'·'상제(上帝)'·'천황(天皇)' 등은 고대 중국 민족의 신앙의 바람 속에 모셔졌고, 자이나교의 '마하비라(Mahavira) 신'은 영감(靈感)을 통해 모셨다. 시크교(Sikhism)의 '나나크(Nanak) 신'은 신앙인의 군사적인 간곡한 소망 속에 현출했고, 조로아스터교(Zoroastrianism)의 '아후라마즈다(Ahura Mazdah) 선신(善神)'과 '앙그라마이뉴(Angra Mainyu) 악신(惡神)'은 신앙인의 신들림·울림 속에 등장했다.

세상에는 한 종교 속에 하나의 신만 존재하는 '일신교(一神敎)'도 있고, 하나의 종교 속에 여러 신이 공존하는 힌두교와 같은 '다신교(多神敎)'도 있다. 또한 오직 한 민족만이 신과의 만남을 통해 신앙하게 된 '민족 속 종교'도 있고, 세계화되어 여러 나라 사람이 섬기고 있는 '세계 속 종교'도 있다. 그런데 이 많은 종교 속의 신들은 나름으로 얼굴이 있고, 이름이 있고, 특색도 있다. 이 세상에 신이 많다는 것은 그만큼 인류가 오랫동안 각기 다른 여러 역사적·지리적 환경 속에서 다양한 삶을 살아왔고, 특히 고난과 역경을 극복해 왔으며, 삶의 빛이 무엇이고 어떻게 사는 것이 참의 길인지를 고민하면서 그 빛을 추구해 왔다는 뜻이 된다.

신이란 무엇인가?

신은 '영겁의 진리'다. 그 창조자, 그 섭리자는 사람을 낳았고 이 세상 만물을 낳아 그 사람을 다스리고, 사람의 삶의 길을 점지한다.

이 명제가 머리와 가슴을 통해 영혼에 전달된다. 종교는 이 속에서 태어났다. 이 속에는 인간이 가지는 신비 사상도 있고, '인간이란 무엇인가'·'인간은 어떻게 살아야 하는가'라는 철학도 있다.

인간은 영적(靈的) 활동도 하고, 지적(知的) 활동도 한다. 그러나 이것은 극히 왜소하다. 사람은 우주만물 속에 '아주 미세하고'·'아주 찰나적인'·'씨알'에 불과하다. 하나의 씨알은 그 씨알의 한계를 뛰어넘지 못한다.

'하루살이'는 사람 세계를 모른다. 그러나 '사람'이라는 '씨알'도 자기 자신을 모르고 내일을 모른다. 삶을 모르거니와 '죽음'을 모른다. 재난을 들여다보지 못하고, 위급한 재앙을 모른다. 그러나 사람은 다른 생명체와 달리 잘 살아보려고 노력하고 사람답게 살려고 지(知)와 정(情)을 닦는다. 그 참다운 길, 영원한 길, 빛의 큰 길을 두드린다.

이것이 종교다. 종교는 믿음이다. 과거 인류는 민족마다 종족마다 이름이 다른 많은 믿음이 있었다. 과거 많은 종교는 크든 작든 많은 인류의 삶 속에 함께했다. 종교 속에는 절대적 존재, 진리의 존재가 있다.

신앙이란 그 절대적 존재와 불안한 인간이 하나 되는 것이다.

### 2) 신, 빛의 말씀

오늘날 세계 많은 종교에서는 '브라만'·'우주'를 '신'으로 부르고, '하늘'·'하느님'으로 부른다. '하늘'·'신'은 사람이 추앙할 수 있는 절대적 존재의 명사이며, 가장 존엄하고 영원한 창조적·섭리적 존재를 인격화한 이름이다. '빛'으로 상징하고, '뜻'으로 부르기도 한다. '길'로 표현하고, '도(道)'로 상징하기도 한다. '천도(天道)'는 곧 '인도(人道)'다.

그 빛의 말씀, 신을 우러러보고 섬기며, 찬양하고 예배한다.

『우파니샤드』에서는 그 절대의 영원유일의 빛을 '염상(念想)하는 것'·'동치(同置)하는 것'으로 표현한다. 모든 경전의 말씀·내용 들은 대개 상징어·은유·시어(詩語)로 표현한다.

> ___ '우파사나(Upasana, 優波斯那)'신은 대자연계의 요소이며, 인간 모든 기능의 요소, 제식의 모든 표현의 요소다.
>
> '브라만'은 사고력·염상이다. 그 사고력은 '우바사나'이며 그것이 허공이요, 선율이다. 선율은 태양이다. 선율이 브라만이요, 그 영상이 곧 명상이다.
>
> 『우파니샤드』에서

이 세상 명상의 최대 경전이라 불리는 『우파니샤드』는 '우주 불변의 기반으로서의 유일 원리를 추구하는 것'이 골자다. 그 원리는 개별적이며, 동시에 보편적이다. 개별 속 '영혼'·'나'는 자아 곧 '아트만'이다. 그리고 보편과 영원 속에 등장하는 원리는 '브라만[梵]'·'우주'다. 이 말은 최초에 '힘'·'달마'·'법'을 뜻하기도 했다. 그러나 점차 이 브라만의 개념은 신격화된 '성스러운 힘'·'우주정신'·'세계의 기초'·'전 존재'·'우주적 존재'로 뜻이 다양해졌다. 형체가 없는 '브라만'은 자기 자신 속의 '호흡' 또는 '공간'·'진실 속의 진실'이기에 이보다 큰 가치는 없다. 삶을 살아가는 것은 모두의 진실이다.

'브라만'·'아트만' 두 개 용어는 명확하게 구별해 사용하기도 했지만, 같은 뜻으로도 사용되는 미묘한 용어다. '브라만'은 '많은 우주의 수천의 신'이지만, 훗날에는 '유일신(唯一神)'·'보편적 혼'이며 동시에 '개별적

혼'으로 섬긴다. '브라만'은 '대우주 일체'이나 동시에 한 개의 '개별적 혼'인 '아트만'이 되기도 한다. 경전의 표현 그대로 하면 '브라만'은 일체 우주이며, 일체의 행동 작용을 포용하고 동시에 하나하나 개별 속 심장 내부에 존재하는 '아트만'이다.

『우파니샤드』에서 말하는 대우주는 동시에 '나' 속의 작은 우주이며, 우주의 천체와 '나' 자신이 따로 있는 것이 아니라 하나 되는 것을 추구한다. '창조의 통일'·'질서의 합일'·'추구의 통일'이라는 뜻도 담겨 있다. 사실, 이것이 모든 신앙의 바탕이기도 하다.

___ 신체를 근원으로 하는 지배의 유일자
세계는 그곳에서 응집하고 용해한다.
주재자, 축복자, 섬기고 받들어야 할 성자
그 존재 '브라만'을 신애하는 것으로
사람은 영원의 평안 속에 있게 된다.

『리그베다』에서

우주, 신과 나[個我]의 불이일원론(不二一元論)을 주창한 철인은 샹카라(Sankara)다. 그는 "신적 존재가 실재한다는 증명은 인간의 자아 속에 있다"라고 했고, "신비적 존재와 자아가 동일하다"라고 주창하기도 했다. 이는 신학자나 논리학자가 함께 인증하는 바이기도 하다. 이 '범아일여(梵我一如)' 사상은 무릇 이 세상 신앙 사상의 기본 골격이 되었다.

우파니샤드 철학의 신앙 사상은 '신 절대자'와 '나 피조물' 관계라기보다 '대우주 브라만의 실재와 한 조각인 나'가 '대우주'·'소우주'로 하나가 되는 데 있다. 자기를 탈각하고 절대자와 합일하는 것은 망아(忘我)의 경지, '바크티[信愛]'의 경지이기도 하다. 인도 종교에서는 신의 '사랑'보다 '바크티'를 존중한다. 이러한 '신격(神格)'과 '개체(個体)'의 대응을 '대우주와 소우주의 대응'으로 보는 골격은 칸트 이후의 철학자들에게서 커다란 호응을 얻었다. 철학자들은 '신격'에 대해 말하며 불[火]·바람[風]·해[太陽]·방위(方位) 등이 모두 '브라만' 우주의 본체라고 했고, 개체를 이야기하며 말[言語]·숨[氣息]·눈[眼]·코[鼻] 등을 들기도 했다.

'우파니샤드'의 어원 속에는 '신을 염상(念想)하고 가까이한다'는 뜻이 있다. 즉 조용히 앉아서 생각하는 것, 정려(靜慮)하는 것, 사색(思索)하는 것, 명상(瞑想)하는 것, 요가하는 것, 참선(參禪)하는 것, 이러한 신비 사상이 깃들어 있는 말이다. 힌두교는 이 신비 속의 종교다. 인도의 불교·자이나교·시크교도 이 범주를 벗어나지 않는다.

인도 민중은 고대 자기와 전 존재[우주]를 '하나'로 보는 '영원적 자기동일시 사상'이 있었다. 그리고 모든 정령 및 신과 인격적 관계를 맺는 길을 추구했다.

'철학적 추상화'·'윤리적 현재', '긍정적 신심'. 신은 어느 날 갑자기 출현한 것이 아니라 사람 속에서 함께 살아온 천지·자연·우주·하늘·이승·저승, 그리하여 그 우주·하늘은 사람과 같은 인격신, 완전한 존재다.

신은 사람과 같으면서도 동일성만이 아닌 초월성이 있는 존재, 만물과 동일하면서도 초월한 존재, 특히 사람의 눈이나 머리로 잡힐 수 없는 영적인 존재, 영혼의 존재, 해처럼, 별처럼, 대자연처럼, 절대의 섭리 존재, 유일한 존재, 영원한 존재, 진리의 존재다. 이것이 곧 신이다.

그 옛날 기원전 1500년경 인더스 문명, 그리스 문명이 혼합된 '아리아' 민족은 현세를 긍정적으로 살면서 현세 부정의 사상을 가졌으며, 현세를 살면서 초현세를 생각하는 이원(二元) 철학 속에서 이를 '하나의 일원(一元)'으로 묶는 사상을 낳았다. 이 속에 신도 존재하고 사람의 삶도 존재했다.

힌두교의 경전 『리그베다(Rig Veda)』 속에는 '일루전(illusion)'이라는 말이 나온다. '마야(maya)'라는 말도 나온다. 이 '마야'란 '초자연력'·'술책'·'속임'·'환상'·'마술'의 뜻이다. 이 세상에는 '마야'·'삼사라'의 흔들림이 있다. 철인들은 이 '마야'를 '변(變)'·'환(幻)'으로 풀이한다. '마야'란 신성(神性)이며, 동시에 마술력이다. 이것을 경전에서는 '자연의 근본 원질'·'물질적 실재'·'신의 창조력' 등으로 해석했다. '마야'는 '악마적'이면서 동시에 '신적'이다.

절대자 신은 초도덕적·초자연적 궁극적 '환(幻)'인 동시에 인간 자체에 내재하는 '방황'이요, '헤맴'이다. 이것은 인도 종교의 한 얼굴이요, 빛의 단면이다. 철인 사상가들은 이 '환'을 "신비주의의 극치"라고 말했다.

인도 경전에 찬양되고 있는 신은 무엇인가.

"바람이 하늘·우주를 날 듯 만물은 지고(至高)의 존재 속에 있으며, 신은 만물과는 비교될 수없이 위대하여 신 속에서는 빛을 굴절(屈折)하는 '마야'가 깃들어 있다."

이 신앙 철학은 그 후 다른 모든 종교의 신앙적 토양이 되었다. 이것이 명상 속에 출현한 신에 대한 신비주의다.

"신은 천(千) 개의 태양처럼 빛나며, 영원의 정신이며 '브라만' 자신보다 위대하다. 신은 '바크티'로서 신앙자와 합일한다. 사람은 희생·금욕·성전을 향하기 전에 신을 사랑한다. 만물의 영혼인 신은 만물의 근원이요 중앙이며, 끝이며 또한 존재의 기원·지속·소멸의 원인이다"라고 바라보는 것이다.

힌두교에서는 '라마'신이 나온다. 힌두교에서는 신과 사람이 동일선상에 존재한다. '라마'는 전설로 대서사시 「마하바라타(Mahabharata)」에 나온다. '라마'는 중세 신애운동 속에 등장하는 많은 재난 속에서 산 실제 왕(王)이었다. 그는 본시 실제 인물이었으나 훗날 신이 되었다. '라마'는 보통의 남자였고 신이며 일원론자(一元論者)인 동시에, 제한적 불이론자(不二論者)다. 그는 많은 신앙자들의 신애를 받는다.

힌두교의 '시바(Siva)신'은 '비슈누(Vishnu)신'과 쌍벽을 이룬다. 그들의 원형은 4000년 전 '인더스' 계곡에서 출토된 '가부좌를 한 요가 참선행자'의 모습을 원형으로 한다. '시바신'의 얼굴은 공포에 차 있지만, 사람들의 사랑을 받으며 귀의자(歸依者)에게는 자비를 베푼다. '시바신' 그 비와 관련해서 '선주민들의 지모신(地母神) 사랑, 애욕의 신화'가 붙고, 금욕주의 그리고 신앙의 창조·유지·결합·생성이 하나의 차원으로 승화한다.

힌두의 신들은 인간이자 신이다. 신이자 인간의 이원(二元)이자 일원(一元)의 모습으로 인도 민중에게 다가오고 포개져 있다.

'구제(救濟)'란 인도 신자들에게 '시바신'과의 '합일'이다. '열반(涅槃)'은 브라만신과의 일체화다.

오늘날 이 세상의 모든 종교는 어떤 면에서 『우파니샤드』의 명상, 신비 철학의 사상적 토대 위에 함께 서 있다. 또한 신의 얼굴, 신앙의 토대를 그 속에서 찾을 수가 있다.

신을 섬긴다는 것이 무엇인가.

신을 신앙한다는 것은 그 빛 속에 하나가 되며 '나'를 깨치고, 나를 닦아나가 신과 하나가 되는 것이다. 이 신앙의 골격을 가장 먼저 원천적으로 갖춘 경전으로서 힌두교의 경전 『우파니샤드』를 들기도 한다. 『우파니샤드』는 힌두교 등 '인도 종교의 원전'이자, 이 세상 모든 신앙의 '틀'·'원전'이라고까지 철인이나 신학자들은 말하기도 했다.

경전 『우파니샤드』의 어원을 살펴보면 우파(upa)는 우주·하늘, '신과 가까이'를 의미하고, '니(ni)'는 '그 속에', '사드(shad)'는 '함께한다'·'염상(念想)한다'는 뜻이다. 이것은 '릴리전(religion)' 즉 '신과의 결합'이라는 종교의 뜻과 같다.

우파니샤드 신앙 철학의 뿌리는 지금으로부터 약 5000년 전 아리아인(Aryan)이 인도로 들어가 꽃피운 인더스 문명 속에서 태어났다. '우주와 나의 결합'·'브라만과 아트만의 합일', 이것을 신앙·종교의 원리로 삼는다. 이 신앙 체계는 철학이자 종교의 근간이다. 이 세상 종교의 원리를 근원적으로 정의 내린 것으로 평가한다.

종교란 이 세상을 창조하고 다스리며 사람의 평화와 행복을 내리는 신, 우주·하늘의 빛, 그 영원 절대 유일의 진리 속에 사람이 신앙을 통해 결합, 나의 어둠과 불안에서 벗어나 그 빛 속에 합일·결합하는 것이다. 그리하여 갈등과 어둠, 헤맴에서 해탈하는 것이다.

'브라만'은 신이다. 이 세상을 창조하고 섭리하고 규제하는 절대존재다. 사람은 이 절대자를 인격화해서 '신'으로 추앙한다. 이 사실은 이 세상의 종교, 유대교·이슬람교·그리스도교·힌두교·조로아스터교·자이나교·시크교, 그밖에 모든 종교가 동일하다.

인간은 인간의 언어로 이 절대적 존재를 빛·광명·불·진리·법(法)·명(明)·도(道) 등으로 표현한다. '삶의 본질'·'삶의 광명'·'삶의 불변의 진리'·'삶의 도(道)와 법(法)'·'유성(有性)·무성(無性)의 영적(靈的) 존재'로 본다. '종교'라는 말은 이 절대적 존재와 '하나로 결합한다'는 데서 왔다.

인간은 우주를 들여다볼 수 없다. 그러나 그 우주의 절대성·존엄성·영원성·창조성을 믿는다. 이 존재가 신이다. 인간은 그 '우주, 합일 속의 개혼(個魂)'이다. 우주 속의 '일원(一元)의 존재'다. 그리하여 우주의 본체에서 떨어져 살 것이 아니라 하나가 되어 은총을 받아가며 살아가자는 것이다. 신은 이 세상을 창조하고 섭리하며, 생명과 사람을 만들었다. 사람은 떨어져 있을 것이 아니라 결합 속에서 살아가자는 것이다. 사람은 신의 '말씀'을 경전 속에 담았다. 그 말씀 속에서 하느님·신을 만나고, 그 품에 결합한다. 『우파니샤드』는 '경전'으로서는 뒷날에 통본되었으나 이 세상 최초의 인류가 낳은 신앙, 인도 종교의 원본이자 '세계 모든 종교의 기본 틀'이라고 말한다.

'신, 하늘의 빛 속에 그지없이 외로운 인간의 혼을 그 품속에 귀의(歸依)하고 영합하는 것'·'그 빛, 그 뜻, 그 길을 기도하고 성찰하고 두드리는 것, 닦는 것', 이것이 신앙이요, 종교다.

신의 이름은 많다. 그 이름은 사람이 사람의 언어로 지은 이름이다.

신, 이름이 중요하지 않다. 종교를 고를 필요는 없다. 종교를 비교할 필요도 없다.

신앙이란 나의 불안, 나의 두려움, 특히 나의 지은 죄를 풀고 돌아보는 길 속에 두어야 한다.

'나'를 깨우치고 , '나의 어리석음', '나' 자신의 '헤맴'·방황을 덜고 삶의 참뜻 속에 살아가는 것, 그것이 종교다.

저 그리스의 신들, 그리고 고대 이집트의 신들, 잉카(Inca)제국의 신들, 그 신들은 한결같이 사람의 이승과 사람의 저승을 다스리는 신들이다.

사람은 생명이 태어난 그 뿌리에서 생명이 나아가는 끝까지 신에게 안정을 바란다. 이것이 신의 사랑, 신의 삶이 빛이다.

신은 사람인가? 사람의 뜻인가? 신의 뜻인가?

사람이 신인가? 신이 사람인가?

이 땅에 출현한 신들은 모두 사람의 간절한 속마음을 겹겹이 어루만졌다.

하늘에 뜬 별은 무엇인가? 그들은 사람과 어떠한 관계에 있는가?

이 세상 하늘·땅에 존재하는 일체 생명체의 비밀은 무엇인가?

사람은 그 속을 모른다. 그러나 사람은 신을 통해 엿듣는다. 그리고 나아가서 그 속에 하나 되어, 그 뜻 속에 그 빛 속에 함께 살기도 한다.

본시 사람은 불완전하다. 본시 사람은 내일을 모른다. 본시 사람은 이승을 모르고 저승도 모른다. 그리하여 사람은 신을 두드린다. 신에게 이름을 붙이고, 그 말씀을 교시로 따른다. 어두운 세상, 불안한 삶을 절대적 존재에게 의지한다. 그 신, 구세주의 빛 속에 살고 싶어한다. 그리하여 아득한 옛날 인류는 '야훼(Yahweh)'신을 모셨고, '아버지' 신을 모셨다. '하늘'·'하느님'을 모셨고 '브라만'의 신들을 모셨다.

모시면서 되돌아보고, 다시 다지면서 되돌아보았다. 그러니 계시를 받으면서 다시 헤매고, 다짐하면서 다시 되묻는다. 이렇게 사람의 신앙의 역사는 구구하고 절절하다.

또한 원시적인 신비주의나 신비주의적 신비 체험을 통한 신이나 정령(精靈)과의 교류는 인류문화의 발달, 정신문화의 향상에 따라 신앙의 교의(敎義)가 체계화되고 사람의 제식·의례·계율 등이 성립되고 교세(敎勢)·교단(敎團)이 집단화되고 조직화되면서, 근대화 속에서 오늘날 볼 수 있는 종교가 된 것이다.

신이 무엇인가? 신이 있느냐 없느냐의 철학은 '그리스'로부터 학문화하고 철학화했다. 많은 선지자들이 횃불을 추켜들었고, 철인들이 가세했다. 사람은 완전한 미(美)·선(善)·참(眞)을 이승에서만 동경하는 것이 아니라, 저승 곧 신의 세계로 연결한다.

# 3. 神은 하나다

눈을,
그리고 입을, 영혼을.

신비의 다리는 울림을 태고에 준다

성(聖)스러움
절대의 빛
그것만이 언덕은 아니고

영원한 속삭임 속에
아름다움의 꽃술 속에
사랑의 그리움 속에
심지 속에 타들어가는 바람 속에
그 별 속에
그 불빛 속에
그 흐느낌 속에 신(神)을 함께 한다.

신은 설렘
신은 눈물
신은 영혼의 불꽃이다

신은 '이데아(Idea)'의 뜨거운 태양이다

### 1) 신을 바라보는 시선

사람의 소망은 많다.

신의 계시는 언제나 사람의 소망이 바탕이 되었다. 그래서 파(派)가 갈라지고, 종파(宗派)가 새로 태어나는 것이다. 이 종파들은 각각 독자적 교리를 개척하기도 하지만, 교파 사이에 갈등이 생기기도 하고 신학자·철학자의 이견도 생길 수밖에 없었다. 그러나 종교 문제를 거시적 안목에서 바라보면 이것은 오히려 당연한 일이기도 하다. 그리고 이를 긍정적으로 받아들일 수도 있다.

인류는 문명의 진화에 따라 소망도 변천한다. 사람의 '신앙의 틀', 종교도 시대 변천에 따라 변해왔다. 신의 교시, 경전의 말씀은 인류 문명의 변천에 따라 거듭 새롭게 다시 결집(結集)되어 왔다. 민족, 그리고 언어의 벽을 넘어 세계어 속에 다시 편집되었다. 이것이 인류의 신앙 '경전'이요, 종교의 본체다.

신을 섬기고 두드리는 것은 그 '말씀'을 따르는 것이다. 신의 뜻, 신의 구원의 말씀은 '경전' 속에 있다. 모든 경전의 말씀이 곧 신의 말씀이다.

신은 사람에게 '말씀'으로 다가온다. 이 세상의 모든 신, 이 세상의 모든 인류에게 강조하는 말[말씀]이 있다.

___ 신은 빛이다. 신은 진리다. 신은 영원하다.

___ 이 세상은 신이 창조하고 섭리한다.

___ 신의 품에 안겨야 한다.

___ 신을 온몸으로 온 마음으로 섬기라.

___ 신을 섬기면 영생을 누리며 죽어서도 신의 품에 안긴다.

___ 신은 선(善)과 악(惡)을 다스린다.

___ 이 세상을 바르게 착하게 살라. 남의 것을 탐하지 마라.

___ 열심히 땀을 흘리며 부지런히 일하라.

___ 신을 두드리는 것은 곧 자기 자신을 닦는 것이다.

___ 서로 사랑하라. 약한 사람, 어려운 사람을 도우라.

___ 서로 도우며 살라. 주는 것이 받는 것이다.

___ 싸워서는 안 된다. 남을 미워해서는 안 된다.

___ 착하게 살라. 밝게 살라. 죄를 지어서는 안 된다.

___ 항상 반성하라. 항상 참회하라.

___ 이 세상은 영원하다. 이승은 잠깐이지만 저승은 영원하다.

___ 이승이 곧 저승이다. 저승 곧 저승 하늘은 이승 하늘이다.

이런 말씀이 대다수 종교의 경전 속에 많이 등장한다.

이것이 신의 얼굴이다.

일부 신은 그 출현 과정에서 특정 민족이나 부족에게만 특별한 계시(啓示)나 예언(豫言)을 강조하기도 했다. 특히 신들은 한 민족이 고난 속에 허덕일 때 선지자나 명상가, 또는 지도자에게 그 민족이 당면한 고난을 극복해 나갈 길을 열어주었기 때문에, 특정 민족에게만 계시한 말씀이 있기는 하다. 하지만 과거 특정한 민족에게 내린 신의 계시나 말씀은 해당 민족이 현실 속에서 당면한 문제의 해결 지침으로, 예시(例示)에 그치고 승화되어야 한다. 오늘날 인류는 '인류의 평화'라는 하나의 소망을 경전 속에 똑같이 담고, 이를 받들어가야 한다. 이 세상 많은 경전, 그러한 '신의 말씀'이 있는 것은 인류가 그만큼 과거에 '사람의 참다운 삶의 길'을 여러 환경 속에서 두드린 것이다. 그리고 그 경전 속에 보이는 신이 갈등을 부추기거나 또한 계시했거나 예언한 것은 대승적 차원에서 다듬어져야 한다.

이 세상 종교는 인류의 절실한 염원과 호응 속에서 길게는 3천여 년, 짧게는 2천여 년의 인류 역사, 인류 문명의 역사 속에 커다란 공헌을 해왔다. 그러나 인류 문화·문명, 모든 것이 그렇듯 종교는 각 종교 나름으로 세를 확장해 사회조직화하고 집단화하면서 그 세력이 사회 면뿐 아니라 국가 동력에도 영향을 주고, 성장 과정에서 특히 종파의 분열을 넘어 계파의 갈등을 불러오고 종교와 종교 사이에 분규가 일어나 종교가 기여한 밝은 면과는 달리 세상은 어두운 면을 조성하게도 되었다. 종교 내분은 계파 간의 갈등을 넘어 한 종교의 근간을 흔들기도 하고 종교 간의 분규를 넘어 종교전쟁으로까지 번졌으며, 이 종교 저 종교, 국가와 민족 간에 살벌한 싸움으로까지 번지고 있다.

이러한 현상은 종교가 추구하는 인류의 평화와 생명의 존중, 진리를 향한 참의 삶을 추구하는 근본 목적에 위배될 뿐더러 인류의 불안 외포를 역으로 증폭시키는 결과가 될 수도 있다. 그리하여 현대 사회는 철학이나 과학문명이 '신으로부터 인간을 찾아와야 한다'. '사람은 자연과학·물질문명 속에서 자유롭게 현재의 낙원을 구축해야 한다'. 현대인들은 '이성에의 회의'·'논리 속의 부정'·'부정의 변증법'·'즉자(卽自)·대자(對

自) 속의 실존주의'·'무의식적 구조주의' 등 현대 철학의 생경한 부르짖음 속에서 신앙적 삶이나 종교를 통한 신의 무한 은총에 대해 종교와 거리를 두는 경향도 짙어졌다.

종교의 내부만 살펴보아도 신과 인간의 관계는 계약 관계, 아버지와 아들 관계, 성령(聖靈) 관계, 주종(主從) 관계, 또는 신애(信愛)·동열 관계 등 종교 간에 그 기본 축이 엇갈리기도 하고, 한 종교 속 종파나 부파(部派)의 수없는 분열, 그리고 정통과 이단의 이념적 분열 등 그것은 단순히 교리를 중심으로 한 분열이라기보다 종교계 밖의 사람들 눈에는 그저 권력의 싸움, 헤게모니의 갈등으로 비치기도 한다.

또한 종교가 걸어온 역사는 종교만의 흐름이 순수하게 전도되어 온 것이 아니라 종교가 국가 권력의 중심부에 서 있기도 했고, 국가 권력을 도괴(倒壞)시키는 작용도 해왔다. 불교는 아소카(Asoka) 왕 시대에 권력 속에 있었고, 그리스도교는 로마 역사의 중추에 서 있었다. 또한 교황(敎皇)이 있고, 평신도가 외곽에서 서성대고, 신권(神權)이 국권(國權) 속에서 종교 고유의 복음(福音) 전도보다는 사람의 권력을 뒷받침하는 작용을 하기도 했다.

인류 역사상 십자군전쟁이나 이교도·유랑민 학살, 예언자나 선지자 살해 등은 종교 자체가 역사 속에 간직해 온 어두운 낯빛이라 아니할 수 없다. 그러나 문제는 이러한 역사는 그날에 그치지 않고, 오늘날까지도 그 그림자가 따라다니고 있다.

이 교회 저 사원 속에서는 서로의 화합만을 강조하는 것이 아니라 서로의 신을 나무라고 있고, 이 종교의 예배, 저 예배 속의 종교는 자기 교리의 독자적 우월성만 강조하며 다른 종교의 표면을 지탄하고 있다. 특히 신도들의 의례·제식·계율·수행 문제 등은 너무 괴리되어 종교 간에 서로의 혐오를 부르는 도화선이 되고 있다. 종교 사이에 서로의 성지 다툼이 일고 있고, 서로의 신행(信行)을 이단시하기도 한다.

예배는 형식이 아니라 말씀 가르침을 받들고 진리를 숭앙하는 것이다. 신앙은 두드림만이 아니라 닦는 것이라야 한다. 참회가 따라야 한다. 그런데 오늘날 어떤 종교에서는 원시적·주술적 접신을 일삼기도 한다. 물론 이와 같은 모습은 모든 종교가 그런 것은 아니고, 극히 일부 종교의 얼굴이다. 또한 대부분 이름 없는 종교들이다. 그러나 현대 세계는 이를 관용의 눈으로만 보지 않는다. 현대 사회는 비판의 사회요, 자유 논리의 시대다. 현대인은 모든 일, 모든 역사, 모든 문명사에 대해 그대로 덮고 안고 가기보다 헤집고 들추며, 분석하고 비판한다. 현대는 세기(世紀)의 한복판에 서 있지만, 한 세기의 끝 즉 '세기 말'이라는 말을 많이 한다.

하나의 이념이 최고조에 달했다는 것은 바꾸어 말하면 새로운 세기의 문을 열어야 된다는, 종말이 왔다는 말과 통할 수 있다. 한 알의 과일이 익었다는 것은 떨어져야 하고, 그 속에서 새로운 씨알이 싹터 나와야 함을 의미하기도 한다.

어떤 철인은 종교는 2000년을 주기로 다시 나이를 세어야 한다고 제언하기도 했다. 문화란 꼭 옛것이 낡은 것은 아니다. 오늘날 인류는 종교문화의 추축기(樞軸期)는 2000년 전에 다시 돌아가 다시 원점에 서서 새 출발을 해나가야 한다는 말을 한다.

이 세상 종교는 2000년 전 거의 한꺼번에 이 세상에 출현해, 그때 매사람의 고인 눈물을 닦아주었다. 이 신들은 모두 방황하는 인류에게 부족 나름으로 민족 나름으로 그때 그 환경을 극복하는 열기를 심어주었고, 구제의 손길을 폈다. 이 세상 사람이 살아나갈 밝은 빛을 심어주었고 불안 속에서 구원의 손길을 펼쳐주었다.

그런데 오늘 2000년이 지난 21세기 인류는 오늘날 종교에 대해 비판의 소리를 갖게 되고, 21세기 이후 새 세기의 새로운 종교의 축을 생각하는 단계에 이르렀다.

사실 이 세상 종교는 인류의 근원적 불안이나 외포(畏怖)를 덜고, 인류 세계의 문화·역사에 참과 밝음을 심고, 삶의 빛을 두드리고 닦아 신앙문화를 사회나 국가 속에 정착시켜 평화와 행복을 증진해 옴으로써 인류사에 더할 수 없는 공헌을 해왔다고 본다.

그러나 인류의 소망은 끝이 없다. 오늘날 세계 인류는 신앙이나 종교 문제에 대해서도 더 큰 바람을 말한다. 오늘 21세기 현재, 물질문명과 과학이 고도로 발달하면서 세계인류는 신만이 인간을 구원할 수 있다는 신 중심의 기존 관념이 점차 인간 중심적으로 변화되고, 죽음에 대한 불안 의식, 삶의 외포 의식 등이 이전에 비해 상대적으로 깊어지고 있으며, 물질 지상의 새로운 자유의식 속에 새로운 가치와 세계화·공통화의 새 전환기를 맞이하고 있다. 따라서 종교·신앙 문제에도 새로운 조명, 새로운 조탁이 일게 되었다.

이는 신을 완전히 부정하는 것이 아니라 있는 신을 다시 보는 시각, 이것은 종교 신앙의 영혼의 토대도 얇아져 가거니와 종교 간의 적지 않은 상충 속에서 신이 서 있는 자리도 새삼 되묻게 되었다는 점이다. 또한 현세인들의 과학적·문명적 머릿속에서 신비주의의 폭이 엷어져 가고 있는 것도 사실이다.

'이 세상에는 신이 너무 많다'는 생각도 한다. '이 세상은 모두 하나가 되어가고 있는데, 아직도 신은 과거의 부족 사회, 민족 사회에 머물고 있다.'

'대체 이 세상 신은 누가 불렀는가?'

신은 사람이 불러 모셨다. 이 세상에 온 신은 사람이 불러 섬긴다. 그리고 그 신들은 그 부족·민족에게 살아나갈 길을 교시를 했고 서로 싸워서는 안 된다고 계시했다. 대체 그때 그 신의 약속·다짐·가르침을 담은 경전·성전(聖典)은 누가 만들었는가? 현대인들은 이렇게 종교를 원천적으로 생각한다.

오늘날 이 세상의 신들 사이, 종교 사이에는 서로 각축이 일고, 갈등이 일기도 한다. 바로 이 점을 현대인들은 그냥 보아 넘기지 않는다. 오늘날 종교의 신을 받드는 의례나 계율을 서로 존중하는 풍토는 엷어져 가고, 서로 이단시하고 있다. 현대인은 이를 찌푸리며 바라본다. 성지(聖地)의 관념, 영혼을 정화하는 신령성(神靈性)·성령(聖靈)에 다가가는 신앙인의 접융(接融)적 신비성은 어떠한가. 이 신이 저 신을 바라보는 시각 차이는 무엇인가. 신을 등지고 세력화·권력화하는 것으로 비치지는 않는가. 신들이 심판한다는 천당·지옥은 현세인의 현세주의적 물질만능 가치관 속에 얼마나 먹혀들어 가고 있는가. 현대인들의 시야의 폭은 넓고 새롭다.

## 2) 하나의 빛, 하나의 신앙

그렇다면 오늘날 21세기 인류가 하나 되어 '두려움에서 벗어나고'·'어둠에서 벗어나며'·'평화의 길을 찾고 행복과 번영을 찾는 인류의 종교', 그 신앙이 서야 할 하나의 길은 무엇인가?

우리 인류는 21세기 인류의 현실에서 신앙이 서야 할 자리와 바탕을 냉정히 되돌아보아야 한다. 인류가 하나 된다는 것은 '신은 하나'라는 뜻이다.

사람은 영원히 신의 영역을 침범할 수 없다.

신은 인간의 머리, 과학이나 문명을 가지고 따질 일은 아니다. 그러나 사람이 신앙하는 신은 사람의 근원적 바람을 벗어날 수는 없다. 신은 사람의 머리나 가슴·영혼에서 출현했다.

사람이 그리는 '신은 하나다'. 세상을 창조하고 섭리하며, 이 세상사람 그리고 일체의 생명을 낳고 다스리고 이끄는 신은 하나다. 제 세상을 다스리는 신도 하나다. 인간은 그렇게 신을 생각한다. 그런데 이 세상에는 이름이 서로 다른 신이 너무 많다. 신의 이름은 사람의 언어로 붙인 것이다. 사람은 자기 부족이나 자기 민족의 언어로 붙인 신만을 신으로 생각해서는 안 된다. 이 세상을 창조하고 섭리하는 절대적 존재, 영원한 존재는 하나다. 신의 세계는 갈등이 없다. '하나의 신은 하나의 진리를 가지고 있다.'

사실 신의 갈등은 그 신을 부른 사람의 갈등이다.

인류는 갈등을 없애려고 신을 불렀고 평화를 누리려고 신을 불렀으며, 참을 찾아 살기 위해 신을 불렀다. 그런데 그 신들이 싸워야 하겠는가. 이는 신의 싸움이 아니라 사람이 신을 업고 싸우는 것이다. 사람의 갈등에 신의 이름을 빌리는 것이다. 이것은 참다운 신, 최고의 신, 만물의 어버이인 신을 모독하는 것이다.

하늘의 태양은 언제나 떠오른다. 대우주의 별은 영원히 빛난다. 우주는 돈다. 사람의 생명은 더없이 귀하다. 사람의 삶은 영원히 참을 향해 닦아나간다. 이것이 종교요, 이것이 신앙이다. 그리고 신 속의 사람이다.

'신은 하나다.'

'이 세상은 하나의 신, 그 빛 속에 존재한다.'

오늘날 인류 모두의 '고해는 하나'다. '하나의 빛'이다. '하나의 목소리'·'하나의 눈물'이다. 사람의 닮은 소망은 하나다.

이 세상을 다스리는 절대자 신은 하나다. 인류의 갈 길은 하나다. 하나의 신은 21세기 전체 인류의 소망 속에 하나의 교시를 내려야 한다.

신은 싸우지 않는다. 신은 갈등이 없다. 이 종교가 저 종교를 탓해서는 안 된다. 모든 종교는 인류 공통어 속에 하나로 자리매김해야 한다.

그런데 이 세상에는 신이 많다. 이 신이 저 신은 신이 아니라고 탓하기도 한다. 이 신이 저 신의 교리를 탓하기도 한다. 이것은 진리의 빛인 신을 섬기는 참뜻이 아니다. 그래서 우리 인류는 모두 옷깃을 여미고 종교를 다시 바라보아야 한다는 말을 한다.

신의 사원이 많고 교회당·예배당·성당이 많은 것은 바람직하다. 신은 예배(禮拜)를 통해, 예불(禮佛)을 통해, 제례(祭禮)를 통해 신앙자의 가슴에 평화를 심어주고 행복을 심어주며 위안을 준다. 그러나 신의 이름 중에는 아직도 한 민족의 문명·언어의 틀 속에 갇혀 있거나 한 민족과의 맺음 속에만 믿음의 관계를 유지해 오는 종교도 있다.

우리 21세기 인류는 세계 인류가 하나 되어 모든 인류가 하나 속에 하나의 빛, 하나의 진리, 하나의 길을 믿어야 하고, 민족의 갈등을 지양하고, 인류의 하나 속에 나란히 서야 한다. 그동안 민족이 가진 고유한 신의 위상을 세계 모든 인류의 21세기 평화와 행복이라는 초점에 맞추어 종교의 축(軸)을 새로 세워야 한다.

신학자 코우신스(E. Cousins)는 오늘 세계 인류는 '세계종교'로서 '제2의 새로운 축(Second Axial Period)'을 세워야 함을 강조했다. 뜻있는 종교학자·신학자·철인 들은 '세계종교의 새로운 추축의 시대'가 왔음을 강조하고 있다.

21세기 종교는 새로 태어나야 함을 역설한다. '신은 하나다.' '하나의 신을 받드는 종교는 서로 길이 달라서는 안 된다.' 신이 하나면 그 신의 가르침·교시도 하나여야 한다. 종교는 신과 신앙자, 인류가 하나 되어 그 하나의 신이 가슴에 안기는 것이어야 한다.

가장 이성적인 경지는 '특정한' 신의 이름을 벗어나는 것이다. '신'이면 되고, '하느님'이면 된다. 가장 이성적인 경지는 '특정한' 종교의 이름을 벗어나는 것이다. '신을 두드리는 종교'면 된다. '무슨 종교'라 할 필요는 없다. 그 경지가 '하나의 신' 앞에 '하나의 세계 인류'가 되는 것이다. 그러나 여기까지의 도정에는 매우 험난한 고비가 있게 마련이다. 따라서 그 이상적 경지에 도달하는 과정으로 '종교 포괄주의'·'종교 다원주의'의 축을 살리면서 그 도정을 지향하는 것이다. 이 세상 모든 종교 경전을 포괄하는 것이다. 인류 전체의 진실한 삶의 길을 말하는 데 안 될 것은 없다. 물론 여기에는 '신의 계시'·'신과의 계약'을 어떻게 뒷날 사람이 맘대로 바꾸느냐는 문제가 발생한다. 물론 이 문제가 작은 문제는 아니다. 그러나 이 문제는 2000년 전 종교가 출현한 그때의 과정으로 소급하면 된다.

애초에 신은 특정한 명상가가 맞이했고, 그리고 그 말씀을 신도들이 '경전'에 담았다. 신은 사람이 불러 모셨다. 신의 말씀, 계시도 사람의 소망을 신의 뜻으로 삼았다. 21세기 세계 속의 종교가 새로운 종교의 축을 세우려면 뛰어난 선지자·예언자·명상가가 다시 출현해야 한다. 예언자가 나타나야 한다.

종교의 '경전'은 본시 신을 부른 명상가 사도의 울림을 받아 이룩되었고, 그보다도 모든 신도에 의해 사람의 간절한 소망을 모아 신의 말씀 속에 담은 것이다. 이 세상 경전은 많은 신도가 머리를 짜내 만든 것이다. 그리고 한번에 담은 것이 아니라 많은 논의를 거쳐 수세기를 통해 갈고 닦아 결집(結集) 과정을 겪으면서 만들어낸 것이다. 그리고 '경전'·'성전'의 말씀은 대개 시적·운율적·상징적 언어로 되어 있다. 상징적이고 은유적인 것이 많고, 예시적·암시적 언어가 많다. 따라서 21세기 새로운 종교의 하나 된 신의 가르침은 지금까지의 모든 경전 내용을 포괄적·다원적으로 담을 수도 있다.

'다원(多元)'이라는 말은 기성종교의 신의 출현 과정을 사례(事例)화할 수도 있다는 뜻이다. 그리하여 포괄(包括) 속에 모든 신의 축을 한 곳에 두는 것이다.

특정한 이름의 종교, 서로 다른 특정한 이름의 신을 두드리는 인류라면 영원히 하나의 힘, 하나의 빛 속에 하나의 인류가 되기는 어렵다. '하나의 신'·'하나의 종교'에까지 새로 통일된 신앙의 축을 세우려면 비상한 갈등이 야기될 수도 있고, 단숨에 혁명화하듯이 종교의 얼굴과 뼈대를 바꿀 수는 없다. 종교의 축을 새로 세우는 일은 참으로 어려운 과제다. 그러나 애초에 이 세상의 신은 특정의 명상 선지자에 의해 불리어 맺어졌고, 그 가르침은 많은 부파·종파를 거치면서 만들어진 것이다. 인류가 하나 되어 나갈 길은 사실 고대나 현재나 다르지 않다.

이 세상, 이 우주, 이 생명체의 일체 속에는 본시 하나의 신이 있는 것이다. 하나의 신이란 하나의 인류의 빛이요, 길이다. 이 하나의 창조신, 섭리의 신, 도(道)와 법(法)의 진리의 신을 사람들이 많은 신으로 만든 것이다.

종교를 포괄한다는 것은 신의 혁명이 아니라 애초 하나의 대원(大元), 그 진리 속에 돌아가는 것을 뜻한다. 근원으로 돌아가는 것이다. 신의 진리, 그 본원을 찾는 것이다.

힌두교에는 많은 신이 있다. 그러나 그 신들은 서로 갈등 없이 신앙자가 원하는 대로 신이 몸소 탈바꿈해 다가온다. 불교도 마찬가지고, 도교도 그렇다. 그러니까 이러한 종교 속에는 신이 많지만, 하나인 것이다.

이러한 사실은 21세기 인류의 신에게도 적용된다. '시바신'·'비슈누신'·'브라만신'처럼 이름은 달라도 사실은 하나의 신인 것이다. 무슨 '불(佛)', 무슨 '여래(如來)', 무슨 '보살(菩薩)' 명왕(明王) 등 신은 많지만, 결국 하나의 불(佛)인 것이다.

현재 존재하는 이 세상 모든 종교의 신의 이름을 그대로 둘 수도 있다. 그러나 그 이름의 신이 그 민족, 그 신앙자에게만 구원의 손길을 내밀어서는 안 된다. '신이 하나'라는 것은 인류가 하나라는 뜻이다.

'신은 사람을 차별하지 않는다'·'신은 민족을 차별하지 않는다'·'신은 인류 모두의 구세주이자 구원자다'·'신은 21세기 인류 모두의 빛이요, 진리의 상징, 대우주의 섭리자, 그리고 일체 생명의 영원한 구원자다'.

오늘날 21세기 모든 종교는 '하나의 신' 앞에 모든 인류가 하나의 옷깃을 여며야 한다. 이 종교, 저 종교가 각각 다른 이름의 신에게 손짓하면 그 신들을 받는 사람은 갈라진다. 이 종교 저 이름의 신을 사람들은 서로 받들고 존경해야 한다. 21세기 인류 삶의 터전에서는 신이 다른 이교도(異敎徒)는 없어야 한다. 이 사원, 저 교회당에 이 신도, 저 신도가 서로 나갈 수 있어야 한다. 하나의 '빛과 참'을 서로 함께 기도하고 서로 함께 찬양하며, '빛과 참' 속에 서로 함께 참회하고, 서로 함께 다짐을 해야 한다.

21세기 인류 전체가 하나 되어 섬기는 신, 종교, 포괄의 새로운 축 속에는 모든 종교가 갖는 예배 의식, 제례 의례가 문제다. 그리고 종교 나름으로 강조하는 계율(戒律) 문제도 깊이 생각해야 한다. 이 세상의 종교는 모두 나름대로 신을 두드리고 신의 품에 안기고 신에게 고해하며, 서원하고 참회하는 예배 절차 의식이 있다. 수행의 계율 규칙이 있다.

종교 신앙은 본시 신앙자의 절실한 간구 속에 절대적 존재의 신비적 추앙, 합일 속에 신앙자의 탄원과 호소 속에 간구와 기도, 그리고 불안과 외포 속에 신의 화답, 신의 호응을 영혼으로 간망, 이를 신의 화답의 믿음 속에 확신하고, 그 억누름·어둠에서 벗어나는 것이다. 종교의 의식·의례는 철저하게 신에게 다가가고 하나 되기 위해 갖는 것이다.

사람이 그 갈등, 그 불안에서 벗어나면 환희에 도달하고 축복 속에 잠기는 것이다. 이 경지로 가려면 여러 의식이 필요하다. 사람은 억눌림에서 벗어나고, 갈등을 발산하여야 카타르시스(catharsis)가 된다. 법열의 경지에 이르면 여러 의식·고해·서원·간구, 그리고 춤과 노래 등 의식이 필요하기는 하다. 그러나 너무 지나친 세러모니나 페스티발의 의례는 다른 사람, 타 종교 신도에게는 혐오감이나 위화감·괴리감을 줄 수도 있다. 그리고 신의 빛은 꼭 몸의 동작 속에서만 하나 되는 것은 아니다.

따라서 21세기 종교의 의식·의례 형식은 많이 다듬어지고 간소하며, 정결하고 엄숙해야 한다. 영혼의 정화, 심령의 간구에 초점을 맞춰야 한다. 신의 품에 안기는 것은 축제(祝祭)일 수 있다. 그러나 너무 형식으로 흐르면 원시 시대의 주술적 감염(感染) 상태가 될 수 있다. 현대인들은 머리와 가슴의 차오르고 솟아나는 엄숙한 진실, 마음과 영혼의 호소, 참회와 성찰의 명상을 존중한다. 따라서 새로운 세대 인류의 종교는 모든 종교의 의례·의식·제례 형식을 통괄하고 성지(聖地)·예배·모스크나 교회의 제례, 사원의 예불 등도 너무 독자적인 경지의 제식만을 고집할 것이 아니라 대국적 견지에서 대통합을 기하고 자정화하고 간소화해야 한다.

이 세상 최초의 종교 힌두교[바라문교]의 의례 방법은 대우주의 빛의 존재 속에 '나'와 '우주'가 하나 되게 하는 의례 방법으로 요가 참선, 명상을 위주로 했다. 요가나 명상은 이슬람교·그리스도교 등 수도원에서도 많이 행한다.

신앙이란 마음의 영역이요, 심령의 영역이기도 하다. 우리나라의 여러 석학이나 종교학자·신학자 들께서도 오늘날 21세기 전체 인류의 종교는 포괄화되어야 하고 그 의식 제례의 형식은 '명상'을 중심으로 순수·간소화해야 함을 문제 제기하고 있다. '명상'은 신을 예배하고 신과 하나 되는 기본이 되는 의례라고 본다.

종교는 의례나 제례·의식 등 외양적 형식이 문제가 아니다. 이것은 본질은 아니다. 신앙은 자기 영혼의 다짐이요, 영혼의 정화다. 내성(內省)이요 자각(自覺)이다. 신앙이란 신, 참의 빛을 마음과 영혼으로 두드리는 것이다.

두드린다는 것이 무엇인가?

두드림은 '닦음'이다. '나'의 '깨움'이다. 명상 속에 자기 자신을 깨치고 '참의 나'를 찾는 것이다. '나'의 깨침은 닦아야 하고 갈아야 한다.

두드림은 닦음이다. 눈물을 포개어 고해하고, 혼을 포개어 기도해야 한다. 닦음은 참회와 성찰이다. 참다운 예배는 자기 자신을 깨쳐 빛 속에 안기는 것이다.

사람은 빛을 원한다. 사람은 참된 삶을 살고 싶어 한다.

종교가 무엇인가? 사람은 왜 종교를 갖는가?

종교를 갖는다는 것은 '빛[神]을 섬긴다는 뜻'이다. 빛이 있는 삶을 살아가기 위해 '삶의 진리'를 신앙하는 것이다. 그리고 실천하는 것이다.

'하나의 신'을 향한 인류의 약동!

'하나의 지구' 속에 '하나의 우주' 속에 인류가 '하나 되는 약동'!

이 빛의 몸부림은 인류가 앞으로 꼭 해결해야 한다. 이 문제는 신학자·종교인·철인만의 몫이 아니요, 성직자·교직자만의 몫이 아니다. 이것은 인류 전체의 몫이다.

'21세기 인류가 평화 속에 하나가 되고'·'새로운 행복, 밝은 삶, 사람다운 삶의 길 속에서'·'모든 사람이 함께 생각해 나가야 한다'·'세계의 모든 명상가·신앙인이 함께 생각해 나가야 한다'.

신은 사람이 부르고, 또 모신 것이다.

세계의 많은 학자들은 이 점을 주로 말했다. 그리고 선지자·신학자·철학자 중에는 "신이 사람에 의해 만들어진 존재"임을 말한 이들도 많다. '이 세상에 신은 이 세상 사람이 부른 것이다'·'신의 얼굴이 〈경전〉의 말씀이다. 그러나 그 〈경전〉도 신을 두드린 인류[민족]가 만든 것이다'. 리처드 도킨스(Richard Dawkins)는 "신은 그때마다 만들어졌다"고 했고, 크레이그 에반스(Craig A. Evans)는 "만들어진 예수"를 말했다. 심지어 "'예수'는 또한 신은 하늘에서 내린 것이 아니라 '공의회'에서 결정한 것"이라고까지 말했다. 철학자 에릭 홉스봄(Eric Hobsbawm)은 '역사적 이념 세계'에 대해 "만들어진 고대"·"만들어진 전통"이라고 역설했다.

'역사는 창조한다'·'역사는 사람이 창조한다'·'역사는 기록만 하는 것이 아니라 기록하는 사람의 사상이다'. 신앙도 마찬가지다. 신의 종교도 마찬가지다. '신은 먼저 사람에게 나타난 것이 아니라 사람이 모셨다'·'사람이 만든 것이 신이다'. 따라서 "그때그때 역사마다 나타난 신은 그때마다 사람들이 모신 것이다"라는 극단적인 말을 한다.

종교! 그리고 신앙은 엄밀히 말하면 이는 '영혼을 가진 인간이 고난을 극복하고 평화와 행복을 바라는 절실한 소망 속에서 절대자 빛의 존재에 기대어 그 은총으로, 그 힘의 구제로, 그 소망을 믿음으로 뛰어넘자'는 데서 생겨났다.

사람은 정신생활을 한다. 사람은 머리가 있고, 가슴이 있고, 영혼이 있다. 이 세계 속에 바라는 '빛의 힘', 그 '빛의 뜻', '빛의 길 속에 함께하려는 소망', '불안과 어둠에서 벗어나려는 소망' 그 속에 '종교'는 존재한다.

'종교' 속에는 '영원한 빛의 존재가 있다', '절대 유일의 진리의 인격적 존재가 있다', '이 세상을 낳고, 다스리고, 이끄는 창조자, 빛의 존재, 참의 존재가 있다.' 특히 '영원을 주재하는 섭리자가 있다'. 따라서 '한종교'·'한 종교'의 신은 그 시대, 그 인류의 머리·가슴·영혼의, 소망의 존재라고 말할 수도 있다. 신은 사람이 '참의 빛'·'영원한 뜻'으로 모신 존재다.

신은 하나다. 이름만 다르다. 신이 다른 것이 아니라 그 신을 받드는 신앙자·예언자·민족·신을 섬기는 사람이 다른 것이다. 생각이 다른 것이다. 이 세상에 신은 많지만[이름은 많지만], 신은 하나다. 이 세상 신을 받드는 사람들이 각각 다른 환경 속에서 다른 신을 만들었다. 사람들은 자기 민족의 고난 속에서의 신의 얼굴만을 내세웠다. 신의 얼굴은 '교전(敎典)'으로 나타난다.

유대 민족은 『구약성서』를 신봉하고, 이슬람 민족은 『코란』을 섬긴다. 『구약성서』도 『코란』도 아득한 옛날 이 세상 사람들이 만들었다. 신을 두드린 선지자들이 만들었다. 오늘날 이 지구 상에서는 '인류'라는 똑같은 하나의 사람들인데, 당시에는 민족이나 국가가 너무 갈라져 있었다. 그러나 오늘날은 '같은 21세기'·'같은 인류'라고 보아야 한다. 똑같이 평화를 위하고 번영을 추구하는 '한 인류'인 것이다. 민족의 벽, 부족이나 씨족의 벽은 허물어야 한다. 이 세상 인류를 다스리고 섭리하는 '신은 하나'인 것이다.

신의 이름이 다른 것은 각 민족마다 언어가 달랐기 때문이다. 삶의 모습이 달랐기 때문이다. 사람의 언어는 절대의 신을 가늠하지 못한다. 오늘날 인류는 언어의 벽을 허물고 하나의 언어를 지향한다. '신'의 이름도 하나여야 한다. 언어가 하나면 신도 하나가 된다.

종교학자들은 오늘날 '참다운 신의 위상'은 인류에게 군림하는 것이 아니라 명령하는 것이 아니라, 구원에 초점을 두고 사람의 삶 속에 다정하게, 따뜻하게, 함께 있어야 한다고 말한다. 우리는 이 사실을 힌두교에서 읽는다.

힌두교에는 수많은 신이 있지만 이 신들은 권능은 달라도 절대로 싸우는 일이 없다. 하나의 신은 여러 얼굴로 바뀌어도 서로 신애(信愛)로서 사람 속에서 함께 산다. 불교의 여래(如來)나 보살도 마찬가지다. '십일면관음(十一面觀音)'·'천수보살'도 신이다. 이 세상, 이 우주는 '하나의 신의 세상'이다. 하나의 신은 '하나의 인류'에게 하나의 세상, '인류 공동의 평화적 삶 속에 하나의 빛, 생명의 길'을 열어주는 존재여야 한다.

앞으로 모든 경전의 신을 의미하는 발음은 각각 나뉘어 있을 것이 아니라 '인류의 하나의 언어' 속에 다듬어져야 한다. 새로운 세기에는 이미 과거의 부족이나 민족의 언어 시대는 끝났다. 신도 '그때 그 민족의 환경'·'삶의 여건'에서 새 세기 21세기 오늘 '하나의 인류' 속에 하나로 모셔져야 한다.

인류의 삶의 길은 다양했다. 따라서 그때 그 민족과 함께했던 신은 그 민족만이 공유한 교리의 언어 틀을 벗고, 모든 인류의 하나의 세기 속에 강림하고 존재해야 한다. 이는 결코 신을 모독하는 말이 아니다.

'본시 신은 하나다.'

하나의 신이 여러 민족의 그때 그 소망 속에 그 민족의 신앙의 얼굴로 나타난 것이다. 오늘 21세기 세계 인류는 과거 '자기 민족을 구하고, 삶의 희망을 준 그 신'을 '인류 전체를 하나로 구원'하는 '하나의 신'으로 모시고 받들어야 한다.

신은 싸우는 일이 없다. 어떤 경전도 싸워서는 안 된다고 했다. '서로 돕고'·'서로 사랑하라'했다. 이것이 '신학이 서야 할 길'이라 했다.

신은 영혼으로 모시고, 섬기는 것이다. 이것이 신앙이다.

신! 그 우주의 품, 하늘의 가슴에 안기는 것, 사랑의 품에 하나 되는 것, 그것이 종교다. 신앙이란 믿고, 받들고, 감사하고, 다짐하는 것이다.

신앙에서의 의식(儀式), 형식(形式), 외형적 의례(儀禮)는 큰 문제가 아니다. '그 믿고 두드리는 형식' 제례(祭禮) 방식은 종교마다 다를 수 있다. 이 신을 믿는 의식, 저 신을 받드는 의례를 가지고 다투어서는 안 된다. 의례·제식은 다양할 수 있다.

참다운 신앙이란 '영혼의 합일이다.'

절대자 '신', 창조자 '우주', 섭리자 '하늘', 진리의 빛, 삶의 빛. 이 세상의 '빛', '그 존재' 속에 '나'의 어두운 혼을 포개는 것이다. 신앙은 '나의 태어남'이요, '나의 참을 닦는 길'이다. 빛을 믿는 것은 '두드림'이요, 두드림은 '나의 닦음'이다. '나의 어둠을 참회'하고, '밝은 삶을 되찾는 것', 그것이 신앙이요, 종교다.

또한 신앙은 '감사'하는 것이다.

사람으로 태어났음을 보답해야 한다. 나아가 종교는 '나'를 깨워 '참의 나'가 되어 '참의 빛, 신과 하나 되는 것'이다. 너무 외형적인 의례·계율·수칙 속에 얽매일 필요는 없다. 신앙은 명상에 바탕을 둔다. 영감의 합치에 바탕을 둔다. 조용히 마음을 비우고, 자기를 돌보고, 흐린 마음이 되지 않도록 명상하고, 참선하고, 신 앞에 기도하고, 감사해야 한다. 늘 참회해야 한다. 부자가 되게 해달라고 비는 것은 신앙이 아니다. 저 사람을 물리쳐 달라고 기도하는 것은 종교가 아니다. 나만 잘되고, 내 뜻만을 이루게 해달라고 기도하는 것은 참다운 종교가 아니다. 이러한 신앙이나 종교는 있을 수 없다.

오늘날 인류는 지구촌이라는 말이 무색하지 않은 시대와 공간 속에 살고 있음을 강조하고 싶다. 21세기 오늘날 세계 모든 인류는 하나가 되었다. 민족의 벽을 넘어 하나의 인류의 평화를 지향한다. 하나 된 인류는 '인류 공동의 평화'·'인류 공동의 행복과 번영'을 지향한다. 따라서 하나의 신앙을 가진 인류는 하나의 신을 가져야 한다. 다함께 영혼을 하나 속에 포개야 한다.

신은 본시 하나다. 하늘은 하나다. 또한 인류도 하나다. 하나의 신, 하나의 인류의 종교는 하나의 빛을 가져야 한다. 이 문제는 지극히 어려운 문제이기는 하다. 그러나 과거 인류는 인류의 어려운 소망을 신에게 의존했다. 그리고 그 신은 인류가 소망하는 바를 들어주었다. 인류는 소망을 신에게 의탁했으며, 신은 그 소망을 받아들여 말씀으로, 교시로, 계시로 『성서』에 등장했다. 신은 사람의 참다운 소망을 받아서 신의 가르침, 하느님의 교시로 『성경』 속에 나타났다.

오늘날 '세계가 하나의 인류'가 된 마당에 신을 생각하는 명상은 하나로 달라져야 한다. '명상'은 '일체를 떠나서' 사색도 하고, '일체를 모아서' 여과도 한다. '일체를 떠난다'는 것은 '일체를 받아들인다'는 뜻과 같다. 그것이 참다운 신앙의 '명상'이라고 본다.

신앙은 '나'의 옹졸한 생각이나 판단을 모두 풀어헤치고 모두의 새로운 호흡, 모두의 마음의 평화 속에 정화시켜 나가는 것이어야 한다. 이것을 '명상'에서는 '안트랑가 사다나(Antaranga Sadhana)'라고 한다.

이 세상에는 신이 많다. 그러나 엄밀히 말하면 신은 하나다. 이 신, 저 신을 비교해서는 안 된다. 신을 섬기면 된다. 자기의 진실, 자기의 영혼을 포개면 된다. 신의 이름이 꼭 중요하지 않다. 신은 이 세상 우주에 '하나'이기 때문이다.

이 세상 신의 이름은 그때 그 민족의 언어로 지어졌다. 오늘날 세계 인류의 언어는 점차 하나가 되어 간다. 또 하나여야 한다. '하느님'이면 어떻고 '빛'이면 어떠하며, '우주'면 어떠한가? '주님'이면 어떻고 '어버이'이면 어떠하며, '창조의 큰 빛'이면 어떠한가?

참다운 신앙, 참다운 명상에서는 '신'이면 된다. 민족마다 모신 신은 하나의 세계화 속에 인류의 신이 되어야 한다. 자기 민족의 종교만 고집해서는 갈등의 벽은 허물어지지 않는다. '하나의 하늘', '하나의 우주' 속

‘하나의 빛’을 창조한 하나의 위대한 주인, 그 전체 생명의 주인은 하나다. ‘신’이면 되고, ‘하느님’이면 된다.

신은 사람이 모시고 사람이 섬기는 존재다. 신은 결코 특정한 사람, 특정한 민족만의 신이 아니다.

‘나 이외의 신은 없다.’

이 말은 ‘신은 하나뿐’이라는 말로 받아들여야 한다. 따라서 이 세상을 구원하는 구세주 신은 ‘하나뿐’이다. 그 ‘하나’라는 뜻이 결코 ‘특정한 민족만의 신’이 되어서는 안 된다.

이스라엘 민족이나 이슬람 민족은 각각 신을 모셨지만, 그 신이 한 민족만 택한 것은 아니다. 이러한 민족들은 일찍이 신에 대해 깨어난 민족이다. 이스라엘 민족에게 나타난 신과 이슬람 민족에게 나타난 신은 ‘동일신’·‘하나의 신’이다. 신은 구원을 바라는 신앙인에게 다가온다.

오늘날 인류는 민족의 벽을 넘어 ‘하나의 인류’, ‘하나의 세계’가 되어간다. 그 ‘하나의 전체 인류’, ‘하나의 세계’를 구원하는 신은 하나다. 하나의 신은 하나를 원하는 인류의 소망 속에 출현한다.

신은 싸우는 일이 없다. 사람이 싸운다.

신은 하나다.

## 2부

# 神을 찾는다

소리 어디 있고
내음 어디 있는가.

일천 산 구름 속 바람이 운다.

갈 곳 어디 있고
온 곳 어디 있는가.

일만 강 너울 속에 소리는 운다.

해가 다 태우면
오솔길에 숨을 재우고

별이 진다 적시던
산 고개에 목을 식힌다.

외로움이 타드는 땅
설렘이 물든 하늘 끝에

바람이
그렇게 운다.
구름이 그렇게 흘러간다.

# 1. 종교란 무엇인가?

텅 빈 우주
외로운 하늘!
신앙이란 무엇인가

태양은 외롭고
사람은 헤맨다.
일체는 흘러간다.

지난 세상
오는 세월
사라진 해, 다시 떠오르는 태양

무엇이 영원이고
무엇이 찰나인가
해는 뜨고
또 해는 진다.

숨결은 외롭고
그리고
우주는 멀다.

____ 태양이 떠오르는

'피라미드'

'피라미드'는 이 세상을 살다간

왕세자를 위해 세워졌다.

'미라'를 만든 '아누비스(Anubis)' 신은 내세를 위해

등명(燈明)의 의식을 치른다.

저승에 불이 켜진다.

사자의 재판이 이루어진다.

불의 수레에는 여신이 함께 탄다.

천상 세계에는 생명을 이끄는 신 '카(Ka)'가 있다.

신관(神官)은 기도한다.

"태양이시여!

인간의 감정, 사고의 근원, 심장 속을 비추어

그 빛 속에 함께 해주시옵소서."

**이집트 '오시리스(Osiris)' 신화에서**

____ 종교! 종교가 무엇인가. 신은 눈으로 보고 귀로 들을 수 없는 신비의 존재다. 신은 인간의 절실한 소망 속에 인간이 모셨다. 인간의 밀의(密議)의 신비주의 속에 그 빛과 하나 되길 바라면서 '카발라(Kabbalah)'의 전승 속에, 수피즘(Sufism)·미스티즘(mysticism) 속에, '이니시에이션(initiation)' 의례(儀禮)와 '무스테스'의 오의(奧義) 속에 사람이 모시고 섬기게 되었다.

사람은 불완전하다. 사람은 어둡다. 헤맨다. 욕심이 있다. 그리하여 그 절대적 존재, 영원한 존재에 다가가고 두드려 초상성(超常性)의 황홀(恍惚)과 빙의 속에 빛과 하나 되고 참과 합일하는 것이다. 이것이 신과 인간의 결합, 즉 '종교'다.

____ 고대 종교는 자연계에 대한 외포(畏怖)와 친애(親愛)의 생각에서 태어났다. 초자연적인 신비 속에 자연 숭배와 영혼 신앙을 주축으로 토테미즘·애니미즘 등도 생겨났고, 인지가 발달 대우주·세계 속에는 일정한 법칙 질서가 있고 도(道)와 법(法)이 있음을 지적으로 파악했으며, 그 속에 인간 생명의 생성, 그리고 인간 자체의 불안, 두려움, 삶과 죽음에 대한 외경(畏敬)스러움, 죄(罪)를 지을 수밖에 없는 욕심, 생존력을 지양 영원 절대 진리의 존재, 섭리의 존재와 하나 되기 위해 그 절대자를 인격화해 신으로 섬기게 되었다.

『종교철학사』에서

## 1) 다시 신과 맺는다

종교가 무엇인가?

고대 '로마'의 저술가 '키케로(Cicero)'는 라틴어에서 종교를 뜻하는 '렐리지오(religio)'는 신에 대한 지극한 두려움, 즉 외포(畏怖) 속에 태어났다고 했다. 그 뒤 이 말은 '맺는다(結, religane)'라는 뜻을 갖게 되었다. 종교는 눈에 보이는 세계와 눈에 안 보이는 세계를 맺는 신비적 힘에 의해 '하나' 되는 경지를 뜻하게 되었다.

아득한 선사 시대부터 사람은 천체(天體) 우주의 경이, 만물의 생성, 그 거대한 절대 영원의 존재·질서·섭리의 힘에 대해 경이의 눈으로 바라보았고, 그 성스러운 존재와 왜소하고 찰나적인 인간의 삶·생명, 그리고 그 삶 속에서의 두려움·죄(罪)·헤맴을 기대고 결합해, 편안함을 구하고자 했다.

사람은 생각하는 동물이다. 이 세상, 대우주 하늘과 땅, 일체 생명체 그 존재의 '보편적 질서'는 무엇인가? '법칙'은 무엇이고 그 빛은 무엇인지를 생각한다.

사람은 그 빛 속에 무엇이고, 그 힘 속에, 그 뜻 속에, 그 길 속에 무엇인지를 생각했다. 그리하여 인류는 도처에서 신화(神話)를 만들고 사회 속에 사람을 동치(同値)·유감(類感)시키고, 신비 체험을 해왔다. 그리고 그 절대적 존재, 유일한 존재, 진리의 영원한 존재에게 소망하는 인류[민족]의 바람을 신의 말씀, 계시로 담아 그 성전(聖典), 그 '경서(經書)'를 받들어오게 되었다.

이것이 이 세상의 신앙과 종교다. 종교 속에는 빛의 존재, 신이 있고, 말씀[神의 뜻]이 있고, 신앙자의 기도가 있고, 신과 하나 되는 의례가 있다.

사람은 신앙 속에 산다.

사람은 종교를 갖는다.

종교(宗敎)의 종(宗)자는 '宀'와 '示'의 합자다. '宀'는 '宇宙'의 하늘 즉 지붕을 뜻하고, '示'는 신을 뜻한다.

'종교'·'릴리전(religion)'.

'religion'의 어원은 라틴어의 're(다시, 再)'와 'ligion(맺는다, 結合)'의 합성어다. 즉 종교에는 '다시 신과 결합한다'는 뜻이 있다.

『신약성서』의 '신약(新約)'의 계시나 내용은 '다시'·'새로'·'신과 계약한다'에서 왔으며, 고대 힌두교에서 '우주와 나'의 관계는 우주 '브라만' 속에서 떨어져 나온 '나'는 '다시 우주 신과 결합한다'·'합일한다'는 뜻을 포함하고 있다.

'종교'란 대우주 신의 빛과 헤매는 인간이 신, 그 뜻, 그 진리 속에 '다시 하나가 되는 것'이다.

불교나 한자(漢字)권에서는 '종(宗)' 자의 의의를 '지고(至高)의 진리의 존재'와 '진리를 깨달아 다가가는 수행인이 하나가 되는 경지'로 풀이한다.

『브리태니커 백과사전(Encyclopaedia Britannica)』의 '종교'에 대한 정의는 다음과 같다. "종교란 인생을 초월한 숭고, 위대한 절대자, 즉 신과 불(佛)을 외경(畏敬)하는 마음에서 이를 숭배·신앙하고 제사를 행하며, 그에 의해 위자·안심·행복을 얻어 인생의 결함을 보(補)하는 기능(機能)"이라 정의했다.

철학자이며 종교가인 '류바(J. Leuba)'는 종교의 정의를 '세 개 그룹의 유형'으로 나누어 각각의 관점에 따라 주지적(主知的)·주의적(主意的)·주정적(主情的) 입장으로 바라보았다.

'주지적' 입장은 '가르침'·'교시적 입장'을 말하며, '주의적' 입장은 인간의 '소망 충족'의 입장이며, '주정적' 입장은 신이나 불(佛)에의 외경(畏敬)적 입장이다.

또한 종교를 가치적 입장에서 정의를 생각하기도 한다. 가치와 태도, 사회성, 성(聖)과 속(俗), 구조와 기능 등의 입장에서도 바라다본다.

'가치와 태도'는 가치 추구의 실현이라는 종교의 입장을 말했고, '사회성'은 종교의 사회적·집단적 성격을 말했으며, '성과 속'은 세계를 성스러움과 속으로 내다보았다. '구조와 기능'은 인간의 행동을 문화인류학·사회학·심리학 등 관련된 여러 과학을 통해 종합적으로 바라본 것이다.

일본의 종교학자 우치무라 간조(内村鑑三)는 "종교란 자기 스스로 직접 관련을 맺는 경우, 인생을 대하는 그 사람 자신의 해석"이라고 했다. 어찌 됐든 종교는 '인간의 마음, 영혼의 문제'라는 측면과 '인간 생활의 정신문화 측면'에서 함께 생각해 온 것이다.

종교는 오늘날 '사회적 조직과 제도' 속에서도 바라보아야 하고, '문화의 일종'이라는 측면에서도 바라보아야 한다. 또한 중요한 것은 '사람 마음의 특질' 속에서도 종교를 바라보아야 한다.

사람은 '마음'을 가지고 있고, 영혼의 '머리'를 가지고 있다. 그 '마음의 눈'으로 절대적 존재인 우주를 생각하고 대자연의 '신비'를 생각하며, 나아가 '신이나 불(佛)'·'정령'·'심령'을 생각한다.

인간이 뛰어넘지 못하는 세계에 대한 불안감과 신비 속에서 상상을 통한 교감을 하고, 그 절대적이고 보편적인 법칙이나 질서 속에 합일하기를 바란다.

사람은 삶을 살되 다른 동물, 다른 생명체처럼 본능만으로 살지 않는다. 사람의 본능 속에는 소망의 본능이 있다. 그리하여 그 소망은 인간의 힘으로는 해결 못하는 면을 함께 바라고 노력한다. 그러나 그 한계를 사람은 느낀다. 사람은 내일을 모른다. 사람은 우주 대자연에 대해 알고 싶고, 함께하고 싶어한다. 그리고 그 질서 속에, 법칙 속에 함께하고 싶어한다.

중세 '스콜라' 철학이 쇠퇴기에 접어들자 기존의 종교관과는 다른 몇몇 철인의 이견이 나왔다.

둔스 스코투스(Duns Scotus)는 '신의 의사'·'인간의 의사'를 구별하면서 '지성(知性)'보다는 '인간 의사(意思)의 자유'를 강조했다. 주지주의(主知主義)에 반대해 주의주의(主意主義)를 펼친 그는 '신의 선(善)의 지성'을 인간 의사의 자유 속에서 다룰 수 있다는 주장을 폈다.

그리고 오컴의 윌리엄(William of Ockham)은 '명사논리학(名辭論理學)' 속에서 "보편이란 변명에 불과하다"라고 전제해, 철학과 신학을 분리했다. 그는 "보편이란 존재하지 않는다"는 명제를 내세워 "신앙과 지식과는 별개"라는 가설을 제기했다. 그리하여 철학은 초기 스콜라 철학의 신학자 안셀무스(C. Anselmus) 시대에 확신이 된 '지(知)와 신(信)의 일치 사념'은 허물어져 '신앙과 지식'·'종교와 학문'을 분리하는 근세 철학의 시대로 이행하게 된 것이다.

중세철학은 신을 중심으로 '스콜라(schola)' 철학을 낳아 그리스도교의 신앙과 이해를 추구했고, 보편의 논쟁 속 신앙과 이성, 진리와 선(善), 윤리관 등을 인간의 지성 속에 고착시켰다. 그러나 신과 인간은 보편과 개성, 선과 악의 기준 속에서 신 중심에서 인간 중심으로 관심을 옮기면서, 철학의 바통은 신보다는 인간의 의지에 무게를 두는 근세 철학으로 이행하게 된다.

이 밖에 종교에 대해 여러 철인·석학은 종교를 '민족학'·'민속학'·'종교인류학' 계통에서 생각하기도 했고, '종교사회학'적 측면에서 생각하기도 했으며, '종교심리학적' 측면에서도 생각했고 '종교 현상학적' 입장에서도 생각했다.

미국의 종교심리학자 프랫(J. Pratt)은 "종교란 개인 또는 사회가 그들의 이해와 운명에 관해 궁극적 지배가 있다고 생각하는 데 대한 사회적 태도"라고 했고, 독일의 철인 슐라이어마허(F. Schleiermacher)는 "종교란 절대권위의 감정으로 신을 섬기며, 지(知)나 의지보다 감정에서 발하는 것"이라 했다.

또한 종교학자 뮐러(F.M. Muller)는 종교란 "무한에 대한 감지"이며, 그 '무한의 감지'가 인간의 '덕성(德性)'을 얻는 것이라 했다. 종교학자 루돌프 오토(Rudolf Otto)는 "종교란 이 세상의 것과는 전혀 다른 별개의 성스러움을 비합리적으로 인정하는 것"이라 했고, 엘리아데(M. Eliade)는

"종교란 영원회귀의 신화, 원초의 욕구적 표현"이라 했다.

인류학자 타일러(E.B. Tylor)는 종교를 "영적 존재의 신앙"이라 했으며, 심리학자 올포트(G.W. Allport)는 "종교를 자기를 의식하는 가치 상황과 그 완전한 실현 가능성과의 차이를 메워가는 노력"으로 표현했다. 또한 일본의 종교학자 아네사키 마사하루(姉崎正治)는 "종교란 인류의 정신이 자신의 유한한 생명 능력 이상으로 무엇인가 위대한 세력의 나타남을 갈망·동경하여 이를 인격적 교섭을 통해 결합하고자 하는 인문적 발전이다"라고 했다.

## 2) 종교의 얼굴

인류와 종교!

그리고 인류 문명사 속의 종교!

종교는 인류의 역사와 사회에 그동안 거대한 발자취를 남겼다. 종교는 본시 인간의 불안과 외경(畏敬)을 덜고, 위자(慰藉)·안심·행복·평화를 위해 인생을 초월한 숭고하고 위대한 존재, 절대적인 존재를 숭배·신앙하는 것이다. 그리고 그 절대존재와 하나로 '맺는 것'이다. 그리하여 인간의 원망 충족을 기하는 것이다.

'종교(religion)'

이는 우주나 신, 신비·불가사의한 존재에 인간의 외경(畏敬)을 결합하는 것이다. 인류는 그 종교 속 교전(教典)을 통해 두려움이나 불안에서 벗어나는 것뿐 아니라 인류 생활 전반에 큰 영향을 받아왔다. 신앙을 바탕으로 하는 문화와 문명의 공현(公現)은 인류 역사에 절대적인 것이다.

역사가들은 흔히 서양의 역사는 "종교의 역사"라고까지 말한다. 그만큼 종교는 인류 문화에 큰 영향을 주었다. 또 공헌했다. 이는 서양만이 아니라 동양의 역사도 마찬가지라고 할 수 있다. 중국의 문명 역사는 유교나 도교·불교 등의 정신문화적 영향을 절대로 배제할 수 없으며, 인도의 역사와 문화는 인도의 종교인 바라문교(婆羅門敎, Brahmanism)·힌두(Hindu)교·불교(佛敎)·자이나교(Jainism) 등과 떼어놓고 말할 수 없다.

이 세상 종교는 본시 어느 특출한 역사가나 선지자·철인에 의해서만 생기고 창도된 것이 아니라 인종·민족·국가를 초월한 인류 자체 속에 고유한 인간 생명의 신비, 지적·정적·주의적·선천적 바탕 속에, 그리고 고유의 욕망 속에서 출현한 것이다. 사람은 생각하는 동물이요, 진·선·미·성 등 이데아를 본능적으로 추구하는 생명체다. 모든 종교는 모든 인간의 고유의 산물이다. 대우주의 신비, 천지자연의 섭리, 그 속에 부침하는 인간 생명의 외경심, 평화와 행복에 대한 동경심·갈망, 이 속에서 절대적 존재, 영원한 빛에 매달리고 합치하려는 것, 이것이 종교와 신앙이다. 종교는 인간이라는 보편 속에 산물이다.

신앙의 원초적 모습은 과학이나 학문, 머리의 지적 세계만이 아니다. 신비를 동경하고 추구하는 가슴과 영혼 속 고유의 산물이다. 인류 고유의 원초적 욕구를 출중한 예언자나 명상가·선지자가 솔선해 불가사의의 운을 헤치고 절대적 존재, 영원한 질서의 주인을 찾는 것이 종교다. 그 예언자들의 선도는 인간 고유의 것이다. 그것은 이 세상에 태어나 존속하는 종교의 발상을 보면 안다.

그리스도교는 유대의 땅에서 '메시아' 사상 속에 태어났고, 불교는 인도 땅 생로병사의 인생고·무상 속에서 고행 수도자 붓다에 의해 태어났다. 이슬람교는 부족 분쟁 속에 있던 메카(Mecca)의 명상가에 의해 태어났다.

한번 태어난 종교는 교의와 계율을 세우고 이를 교전(敎典)화 하여 신도를 중심으로 사회적으로 조직화하고 세력화하면서 교세를 확장해 나갔다. 많은 선지자나 철학자들, 그리고 민족이나 국가의 지도자들은 불가사의의 신비 속에 머문 종교의 원상을 좀 더 지력을 가다듬어 이 세상 우주는, 그리고 생명체는 절대적 존재인 신에 의해 창조되었고, 그 대우주에는 일정한 보편적 질서가 있고 법칙이 있음을 파고드는 가운데 그 인류의 보편적 소망을 신의 말씀 속에 담았다. 그리고 종교가 단순히 자연계에 대한 외포(畏怖)나 친애(親愛)의 도를 넘어 그 절대적 존재의 세계는 그것이 그대로 진리의 세계이며, 이 세상 인류를 구제하는 길이고, 나아가서 인류 평화, 인류 행복의 보편적 길임을 신앙 속에 밀착시켰다. 그리고 고대 종교 발생기의 기적이나 신비적 주술, 천국과 지옥 등의 선악 관념을 현대의 신앙으로 관념화하여 종교의 교리 체계를 세운 것이다. 그것이 각 종교의 성전이고 경전이다.

종교의 얼굴!

종교는 태어나고 변모해 왔다. 종교는 그 종교가 태어날 때 모습을 그대로 가지면서도 뒷날 파가 갈리고 경전 내용도 거듭 새롭게 결집하면서 변천해 오기도 했다.

오늘날 종교는 태어날 때 모습과 어떻게 달라졌나?

한 종교의 정체성은 무엇인가?

모든 종교는 인류의 그 시대 정신문명의 현주소에 따라 모습을 달리해 왔다. 크게 말하면 종교는 인류문명의 진화에 따라 변해왔고, 교리도 새로워지고 종파도 갈라져 왔다. 신은 언제나 그 시대 인류문화에 따라 문화도 되고 갈라지고, 이념 체계도 새로워진다.

아득한 고대는 신을 '샤머니즘'적·'주술적' 관념 속에 신과의 유감(類感)을 꾀했고 접융(接融)도 했으며, 빙의(憑依)도 했다. 그리하여 기원전 3000년 전경 이집트에서는 오시리스(Osiris)·이시스(Isis)·누트(Nut)·호루스(Horus) 등 수많은 신이 등장했고, 그다음은 '그리스의 많은 신화 속에서 많은 신이 태어났고, 또한 로마로 이어졌다. 그러나 이 시기에 나타난 신들은 인류 문명사의 텍스트 속에서 희미해지고 또한 사라졌다. 또한 조로아스터교의 선(善)과 악(惡)의 신 개념과 '마니교(摩尼教)'의 '불', '빛', 천국(天國)과 지옥(地獄) 개념은 다른 모든 종교가 정전(正典) 속에 신의 뜻으로 삼았으나, 그 종교 자체는 거의 종적을 감추었다.

이렇게 인류는 신과의 만남을 가졌고, 그 신과의 융접·접촉의 관계가 달라져 왔다. 신은 사람이 부르고 사람이 섬기는 절대적 존재다. 신은 인류의 정신문화 속에서 탄생하고 그 인류의 정신문화 변천 속에서 변화해 왔다. 이 사실은 오늘날 지구 상에 존재하는 모든 종교가 다 한결같이 걸어온 길이다.

불교는 기원전 4세기 '싯다르타(Siddhartha)'에 의해 창도되었다. 그 뒤 18~20여 개로 나뉜 상좌불교가 기원전 후 큰 세력이 되어 대승불교가 전개되고, 다시 힌두교에 영향을 받은 대승불교는 '밀교(密教)'로도 분화되었다. 오늘날 히말라야 북방의 대승불교는 '정토(淨土) 사상'·'법화(法華) 사상'·'중관파(中觀派)'·'요가 행파' 등 다시 많은 학파도 생겨났다. '원시 불교'와 '대승 불교' 사이에는 교시의 폭이 많이 다르다. 또한 불교는 여러 나라에 전파되면서 여러 종파가 다시 생기기도 했다.

그리스도교에서는 『구약성서』와 『신약성서』가 오랜 세월을 두고 만들어졌다. 구약은 기원전 1400년경부터 '모세오경'·'역사'·'시가'·'예언서' 등이 만들어졌고, 신약은 1~2세기에 쓰였다. 그러나 구약의 '바리새파(Pharisees)'와 '사두개파(Saddukaios)' 등은 교리를 달리해 예수의 '재림사상'·'부활' 등에 대해 이견이 있었다. 그리스도교는 로마시대에 '가톨릭교회'가 분열을 시작해 '서방교회'·'동방교회'로 갈라졌으며, 또한 가톨릭교회의 수도회와 수도원을 보면 3세기 '이집트' 수도원과 10·13세기에 생성된 것과는 같지는 않다. 신앙·성서·사제주의 등에서 신교도 종교개혁이 일어난 후 영국, 미국, 아프리카, 동방의 나라 등에 전파되면서 여기에도 많은 교파가 생기고, 그 신앙의 양상은 많이 달라졌다. 오늘날 유대교·가톨릭교·신교 등은 그리스도교라는 하나의 큰 종교이지만, 예배·제례 형식이 같지 않다. 그리고 라틴아메리카에서는 해방신학이 나오기도 했다.

이슬람교도 무함마드 예언자 탄생[기원 570년] 이후 분파의 내분 속에 크게 '수니(Sunni)파'·'시아(Shiah)파'로 갈라졌다. '시아'란 '당(黨)'·'파(派)'라는 뜻이다. 제3대 '우스만(Uthman)' 시대 이후 4대 '아슈아리(al-ash'ar)파'와 '수니파'는 대립하고, 오늘날까지도 이 파벌은 이슬람교에서 계속

된다. 경전 『코란』에 대해서도 '수피(sufi)파'나 '법학자[ulama]'들은 비판을 쏟아낸다. 특히 근대 이란혁명(1979년)을 거치면서 '호메이니(Khomeini)'는 이슬람교의 전통을 고집했다. 이러한 분위기 속에 원리주의 온건파와 강경파가 대두하면서 이슬람교는 많은 혼미를 겪고 있다.

본래 힌두교는 기원전 1500년경 인도로 진출한 아리아인에 의해 세워져 기원전 500년경 성전 『베다』가 만들어졌으며, 당시에는 '바라문교'라 했다. 바라문 사상은 브라만[우주]의 근본 원리를 신앙해 '나[아트만]'을 '브라만[神]'과 합일하는 것을 교지로 삼았다. 일체 생명체는 '윤회(輪廻)'하며, 현재의 '업(業)'에 따라 과거·현재·미래가 전회·재생한다. 이 '카르마'의 굴레 '삼사라'는 현재의 수행을 통해 해탈함으로써 벗어날 수 있다. 바라문교는 기원전 6세기부터 기원전 4세기경 힌두교가 되었고, 이 시기 불교·자이나교 등의 종교로 파생되기도 했다. 바라문교 시대는 우주의 신, '인드라(Indra, 武神)'·'바르나(Varna, 秩序의 신)' 등을 섬겼으나, 힌두교 시대 이후에는 '브라만[創造]의 신'·'비슈누[維持]의 신'·'시바(破壞)의 신', 그리고 그밖에 수많은 신을 섬긴다. '해탈'의 수단은 '바크티[信愛]'의 귀의를 통해 신앙하여[Tantrism], 스승의 말씀에 따라 현세(現世)를 초월하는 것이다.

종교 중에서 공자의 유교 사상, '천도(天道)'와 '인도(人道)' 사상, '하늘에 대한 신앙'은 크게 달라지지는 않았으나, 서양 사상에 밀려 매우 희박해졌고 내면화되었다. 유교의 '역(易)' 사상, '음양설(陰陽說)' 등은 주요 사상 학술로, 오늘날까지 동양 사회 한자문화권에 전도되고 있다.

도교의 '무위자연 사상'·'신선 사상' 등은 동양 몇 나라에서 '종교'로서의 의례를 강행하지는 않으나, 민간신앙으로 엄연히 존재한다.

그런데 이러한 유교·도교 사상, 특히 '도교 사상'은 불교가 전파되면서 불교의 정토 사상, 선종 사상과 여러 면에서 습합(習合)을 이루었다. 유교 사상도 '전통 유교'와 12세기에 발현한 주자학의 '이(理)와 기(氣) 이론'과 이후 나온 '양명학(陽明學)'·'실학(實學)' 등과 여러 면으로 다시 조탁(澡濯)되어 중국·한국·일본을 비롯한 동남아시아 여러 나라에서 유교의 이념은 민속에 깊이 뿌리박혀 있고, 서양 사조의 유입, 세계화에 따라 선별적으로 그 이념은 모습을 달리한 채 계승·계도되는 실정이다.

이렇듯 세계 모든 종교는 처음 그 종교가 태어날 때와는 다른 모습을 하고 있다. 종교가 지녀온 기본적인 신의 축(軸)은 달라지지 않았다고 해도, 힌두교에서처럼 신의 이름이 달라지고, 예언되고 교시된 신의 말씀은 역사의 흐름에 따라 수많은 재결집 과정을 거치면서 달라졌다. 좀 더 체계화되고 좀 더 원리화되었다고 볼 수도 있으나, 달리 말하면 소수의 사람들의 소망이 많은 사람의 소망 속에 깊게, 넓게, 그리고 그 시대의 흐름에 맞게 변했다고 볼 수 있다.

이 세상에는 특정한 민족 고유의 문화 속에 생성·조직화된 민족종교가 있고, 특정한 민족의 테두리를 벗어나 세계화된 세계종교가 있다. 그리스도교·이슬람교·불교 등은 세계종교화되었고, 유대교·힌두교·조로아스터교·유교·도교 등은 상대적으로 민족 종교의 틀 속에 있다.

세계종교의 기반은 민족 종교다. 불교는 힌두교에서, 그리스도교는 유대교에서 태어났다. 그러나 어버이에게 태어난 아들의 종교가 어버이를 능가하는 세계 종교로 확산되기도 했다.

야스퍼스(K. Jaspers)는 기원전 500년경, 800년부터 200년 사이에 세계사의 한 단절이 생겼는데, 이를 '추축(樞軸) 시대'라고 했다. 이 시대 인류는 정신적 우주에 전회(轉回)가 생겨 세계종교는 이 시기 이후 출현했으며, 이 시대에 세계 각지에는 놀라운 에너지가 분출해 중국에서는 공자와 노자가 태어났고, 인도에서는 석존(釋尊)이, 팔레스티나에서는 엘리야(Elijah)·이사야(Isaiah)·예레미야(Jeremiah)를 거쳐 제2의 이사야에 이르는 예언자들이 출현했다. 그리고 그리스에서는 소크라테스(Socrates)·파르메니데스(Parmenidēs)·플라톤 등 철학자가 태어났다.

이들은 인간이 단순히 민족 사회에서만 사는 존재가 아니라 '인류'라는 보편적 세계의 성원이라고 생각해, 그때까지의 인류가 자기들과 자연계, 외적 우주와의 관계에 관심을 집중한 데 대해 지금은 인간과 자기 자신의 내면에도 우주가 있다는 것을 자각했고, 그 '내면적·정신적 우주 속에 있는 자신의 위치'에 눈뜨게 되었으며, 특히 '내면적·정신적 우주' 그 속에서 자기의 위치를 더욱 의식하기에 이르렀다. 인간은 비로소 '인간이란 무엇인가?'·'자기 존재는 세계 속에서 무엇인가'라는 근본 문제를 제기, 그 답을 세계종교에서 구하려고 했다.

민족종교는 특정 민족의 정치적·인륜적 관계를 '민족과 신과의 결합' 속에서 확인하려 했으나, 세계종교는 민족·인종·국적을 초월한 인간성과 인류라는 보편적 입장에 선다. 그리고 하나하나 '개인 구제'의 성질이 분명해지며, '보편성과 동시에 개인성'이라는 성격을 갖는 것이 특징이다.

또한 세계종교는 모두 '한 사람의 개인'에 의해 창설된, 즉 개조(開祖)

라는 특성이 있다. 붓다의 석존은 깨달음과 성도(成道)를 통해 이루어졌고, 그리스도교는 메시아(messiah, 구세주)에 대한 예수의 자각과 신의 나라의 복음 및 십자가의 죽음과 부활을 통해 자리 잡혔으며, 이슬람교는 무함마드의 특수한 종교적 체험이 개원(開源)이 되었다.

민족종교는 누구에 의해서라기보다 민족의 집단적 생활 속에서 자연 발생한 것이다. 또 세계종교는 가르침의 교전(教典)과 교의(教義)가 있으나, 민족종교에는 그것이 없다. 세계종교는 하나의 교단을 만드는 것이 특징이나, 민족종교의 경우에는 사회의 구성원이 하나의 교단이 되었다.

그리고 세계종교는 대체로 현세 부정적이고 현세 초월적인 사상이 중심을 이루나, 민족종교는 민족의 정치적·국가적 생활과 현세 이익의 입장에 선다. 세계종교는 현세의 행복·소망을 궁극적으로 추구하는 삶을 부정하고 현세를 초월한 차원, 그 초월의 차원에 현세를 결부하려 한다. 붓다의 '열반'·'정토', 그리스도교의 '신국'·'천국' 등이 바로 그것이다.

오늘날 인간의 현세적 생활 안전을 최종 목적으로 하는 민족종교는 세계의 근대화와 함께 붕괴되어 가고 있다. 특히 근세·현세에 이르러 사회의 생활과 종교 사이에는 많은 부분이 변화되고 있으며, 세계종교의 초월적 원리가 힘을 잃어가는 현상이 목격되기도 한다.

또한 이 세상 종교에는 신을 유일한 절대존재로 바라보는 일신교가 있고, 동식물이나 대자연의 혼(魂)을 인정하는 다신교가 있다.

일신교의 전형을 보여주는 '유대'의 신이나 '그리스도'의 신, 이슬람의 신은 한결같이 이 세상 우주의 창조주, 유일무이의 진리의 신이며 우주 일체의 생명 창조의 본원, 원동력, 그리고 섭리의 법칙을 지배하는 초자연적 존재다. 이러한 종교는 각각 이 세상 생명체 사람 하나하나에 관한 생과 사의 운명을 관장·섭리하며, 나아가 인류 세계의 미래·영원·종말을 다스려가는 초인적·인격적 신을 섬긴다.

종교는 이승만이 아니라 저승을 말했다. 그리고 저승을 이승과 연결지었다.

그리스도교에서는 묵시론적 신앙 속에 '천년왕국론'을 말했다. 이슬람교에서는 '최후의 심판'을 말했고, 불교에서는 '말법관(末法觀)'을 말했다. 조로아스터교에서는 '성화(聖火)에 의한 심판'을 말했으며, 힌두교에서는 '암흑기' 등을 말했다.

모든 종교는 이승의 사람 하나하나의 선·악의 역정을 심판하고, 사후 세계를 처리한다. 사후 처리는 '부흥(復興)'을 말하기도 하고 윤회·재생(再生)을 교시하기도 하며, 대우주 신의 품에 안기기도 하고 청정(清淨)의 고요 속에 해탈하기도 한다.

모든 종교는 말법 사상 속에서 시간을 연결해 이승과 저승을 말한다.

불교에서는 '붓다' 멸후(滅後) 500년을 정법시(政法時), 다음 천 년을 상법시(像法時), 그 후 1만 년을 불법신앙이 멸하는 말법시(末法時)로 가르쳐왔다.

힌두교에서는 우주창조신이 사는 하루는 지상의 43억 2천만 년이며, 이 '기간'은 창조와 소멸이 반복되며, 현재 지상은 '암흑기'에 해당한다고 했다.

이슬람교에서는 '종말의 날'·'최후 심판의 날'을 밝히고, 그 속에 천

변지이(天變地異)가 폭발 모든 사자(死者)가 무덤에서 소생해 심판장에 임한다고 했고, 모든 기록은 천국과 지옥으로 갈라진다고 가르친다.

그리스도교의 「요한의 묵시록」에서는 '더렵혀진 영혼'은 악마의 신이 최후의 결전을 하는 곳으로 가게 된다고 했다.

이러한 신의 계시·예언·교시는 기원 전후부터 오늘날까지 2000년 동안 신앙하는 신자는 물론이고, 인류 세계의 역사·문화에 지대한 영향을 주었다. 그리고 정화·위안·평화·구원·위자(慰藉)·화합·고무·격려를 주었다.

### 3) 종교와 환경

종교는 그 종교가 태어난 하늘·땅·환경과 밀접하다. 종교의 기원은 그 지역의 풍토와 긴밀한 상관관계가 있다. 사람은 기후 속에서 살고 풍토 속에서 살아간다.

오늘날은 과학의 발달에 따라 다소 영향을 덜 받으나, 고대 인류의 생활은 자연환경이나 지리적 여건, 기후, 풍토 등에 크게 영향을 받았다. 인류의 신앙도 이러한 풍토적 환경과 밀접하게 연계되어 있다.

인간의 능력에는 한계가 있다. 그리고 자연에의 대항에도 한계가 있다. 사람은 천재지변·폭풍·지진을 겪으며, 기름진 땅, 척박한 땅 등 서로 다른 곳에서 산다. 사막 속에 자리한 민족이나 부족은 사막의 건조한 기후와 싸워야 하고 작열하는 태양열과 싸워야 한다. 홍수가 잦은 우기(雨

期) 속 환경을 극복하려면 견고한 동굴이나 거처가 필요하며, 고산 빙하의 산악 지대에서는 따뜻한 내한의 주거·의류·불이 필요하다. 사람의 삶은 이러한 자연환경·풍토 여건 속에서 생명을 유지해야 하고, 희망과 소망을 지탱해 나가야 한다.

'환경'이란 인류 문명의 환경을 들 수 있고, 자연환경과 역사적 환경도 들 수 있다. 종교의 신(神)의 얼굴이 다른 것은 이러한 풍토나 문명의 환경이 다른 데서 비롯되었다. 각 지역의 인류는 자신이 있는 그곳에 소망을 실은 신이 필요했다.

중국의 유교는 황하(黃河)가 흐르는 드넓은 대지와 황하가 범람하는 홍수의 천지 속에서 천제(天帝)와 천자(天子) 들의 합일로 생겨났고, 사람이 나고, 살고, 죽어가는 넓고 넓은 삶의 천하 속에서 도교(道敎)가 태어났다.

중국 황하문명 속에서 대지는 하늘이요, 하늘은 도(道)이며, 대자연 또한 천도(天道)로 생각하는 사상이 신앙화되었다. 황제(黃帝)는 황토(黃土) 즉 대자연의 주인이며, 천도(天道)의 주재자다. 또한 하늘의 뜻, 하늘의 길은 곧 인도(人道)에 결부시켜 '사람의 참길'을 '하늘의 뜻과 길'로 생각했고, 이를 바탕으로 천명(天命) 사상도 싹텄으며, 선인(善人)·선행(善行), 어짊과 덕, 예(禮)와 도덕을 당위의 길로 믿어왔다. 유교와 도교 등은 이러한 중국의 대자연·대지·농경문화 속에서 신앙이 생겼다. 유교에서는 직접 신을 말하지는 않았지만, 하늘[天]을 절대적 창조와 진리의 존재로 생각한다. 도교는 천도(天道)를 대자연의 모습, 자연의 얼굴로 생각하며 유유한 자연 그대로를 삶의 길로 생각한다.

인도 북부는 히말라야(Himalayas)의 추위, 남쪽은 적도의 더위, 한쪽은 삼림, 한쪽은 사막 등의 지리적 환경 속에 건기와 우기, 열대와 온대 등 자연환경이 척박하다. 이러한 환경 속에서 인도 민중은 고대로부터 '신은 만물의 영원한 종자(種子)'라는 사상이 삶 속에 깊숙이 자리잡았다.

인도 지방은 열대 지대의 계절풍, 건조 지대의 습기와 바람, 삼림지대의 적막함 등으로 인해, 심원 속에서 명상하고 요가를 하는 것 바로 그것이 삶의 요체였다. 인도·힌두교 등 종교의 『베다』나 성전 속에는 우주·대지·생명에 대해 찬양·송찬하는 서사시가 많다. 저 히말라야 높은 산맥·구름·하늘·별·바람·물·흙·불 등 그 모든 것이 신으로 비쳤다. 고산 지대 하늘에 빛나는 별의 우주를 생각하고, 드넓은 건조 지대에서 삶의 고독을 느꼈다. 그리하여 우주 속에서 일체의 생명이 태어나 변해가고 죽어가는 것을 선(禪)으로 바라보고, 자기 자신의 삶 즉 '나'와 결부하여 '우주 속의 나'를 함께 생각하는 '힌두교'·'불교'·'자이나교' 등이 태어났다.

유대교·그리스도교·이슬람교·조로아스터교 등은 종교의 생성 풍토와 환경에서 비슷한 점이 많다. 이 종교들은 사막 지대의 황막한 지리 환경 속에서 태어났다.

홍해(紅海) 연안의 시나이산·아라비아사막에 이르면 사람은 참혹한 절망과 절실한 소망을 함께 느낄 수밖에 없다. 태양은 일체를 태워버리고 기온은 40도를 오르내리며, 먼 초지(草地)는 아득하기만 하고 물은 메마른 학대받은 땅 그곳이 바로 일신(一神)을 부른 땅이다. 이때 이 땅을 지배한 민족과 부족은 뺏느냐 빼앗기느냐의 사투를 벌일 수밖에 없었다. 이 삭막하고 황량한 땅은 '나' 하나가 잘 살기보다 부족이 살아야 하고, 부족의 단결만이 승자가 되는 세상이 되었다. 이 사막적 인간관은 '인간이란 무엇인가'·'사람을 낳은 신은 무엇인가'라는 생각을 배태시켰다. 그리고 나아가서 '사막의 죽음 속에 신은 무엇인가'를 생각하게 된 것이다. 삶의 혼돈 속, 척박한 땅 속의 피지배 압박의 환경 속에서 전지전능의 신, 희망과 절망을 절대적 존재에게 맡기려는 간절한 염원이, 간곡하고 절실한 소망의 명상이 신의 계시를 만난 것이다. 그리스도교·유대교·마니교·이슬람교 등은 그곳의 이러한 환경 속에 태어난 것이다.

이 같은 사막 환경에서 신은 민족을 단결시키고 자기 민족이나 종족을 살리며, 승리의 길로 이끄는 주도자다. 이러한 종교의 이면에는 사막 민족의 전투적·반항적 기질을 이해하고 해당 민족을 신이 직접 선택해 인도한다는 생각이 있었으며, 따라서 이들을 단합시키고 승리로 이끌 수 있는 인도와의 결부가 필요했던 것이다.

이러한 민족의 신, 민족의 종교는 점차 범신교가 되었고, 세계종교화되었다. 특히 조로아스터교는 선과 악에 엄격한 판관의 신이며, 유대교·그리스도교·이슬람교는 일신(一神)·유일신을 사막의 풍토에 모셔, 전지전능의 창조자, 신의 아들을 이 세상의 구세주로서 섬기게 되었다.

유대교·그리스도교·이슬람교, 그리고 조로아스터교의 신은 한결같이 전능자이고 창조자이며, 일신이다. 특히 이슬람교의 알라신은 강렬한 유일신이다. 이 신들은 유교나 불교에서처럼 사람이 수행을 쌓아 신의 경지, 절대적 진리의 존재가 되는 것은 아니다.

신과 인간은 엄연히 영역이 다르다. 관계가 있다고 해도 '신의 아들'·'신의 종'·'신의 사도'에 불과하다. 신은 인간에게 계시하고 계약할 뿐이며, 선악의 행위를 심판할 뿐이다.

신은 창조자·조물주·규범자·주재자다. 이는 사막 지대의 척박한 기후 속에서 인간과 자연을 초월한 존재가 필요하기 때문이요, 자기 종족의 정의를 지켜주는 신이 필요했기 때문이다.

같은 신이라도 인도적 풍토·기후, 몬순(monsoon)의 자연환경 속에서 탄생한 인도의 신은 별계에 서서 인간에 군림하지 않고, 너와 나, 삶의 현실, 마음의 바람과 희열 속에 결합해 존재한다. 이것이 이 종교에서 신앙하는 신의 특성이다.

고대 그리스의 신을 살펴보면 그곳의 정신환경·풍토·자연환경 속에서 초월신이 아닌 인간에 가까운 신이 많았다. 신들은 사람과 유사한 점이 있어, 신성하면서도 동시에 인간적이었다. 지중해 연안의 건조한 풍토 속에서 '자연의 신화'·'바다나 사막 등에서의 자연과 인간'의 삶에 어울리면서도 초인적인 여러 신이 필요했던 것이다.

신에 대한 추앙, 신의 등장은 자연환경 속에서의 인간생활·종족생활, 바람의 열망, 정신문화와의 밀접한 관계 속에서 이루어졌다고 할 수 있다.

### 4) 빛, 그리고 뜻과의 맺음

종교란 '논리' 속에서 태어난 것이 아니다.

신앙은 과학이 아니다. 신앙은 영혼과 신령(神靈)의 만남이다. 그리고 온몸·온마음의 만남이다. 인간의 혼미와 불안, 영혼의 울림, 간절한 소망 등 이것이 황홀과 희열 속에서 신과 만나는 것이다.

신앙을 '신비주의'와 연결하고, '수피즘' 속에서 생각하는 것은 그 때문이다. 영혼의 희열은 '타들어 가는 눈물'일 수도 있고, '몸부림'·'흔들림'·'춤과 노래'·'찬미와 탄원'·'읊조림'·'황홀의 경지'일 수도 있다. 간절한 호소는 가슴의 움직임이요, 법열 속의 찬미는 영혼의 신들림이다. 타들어 가는 고해, 설교를 통한 빛 속의 어둠과 절망의 벗어남은 글자 그대로 신들림의 경지가 될 수 있다. 그러나 명상은 이를 외형에 남기지 않는다. 요가의 삼매(三昧)는 이를 영혼의 승화로 정화한다. 내면의 촛불로, 좀 더 높은 차원으로 승화·지양시키는 것이다.

사람은 신(神)의 우주, 신(神)의 하늘, 그 빛을 영원히 동경한다. 사람은 그 존재를 신령시한다. 사람은 이 거대한 우주, 푸른 하늘, 그 빛 그 힘을 신성시한다. 그리하여 이것을 '신비 사상'이라 하는 것이다.

사람은 본시 이러한 '신비 사상'을 가지고 있다. 종교의 신은 이 '신비 사상'·'미스티시즘' 속에서, 그리고 신의 외경(畏敬) 속에서 태어났다. '신비'는 사람의 언어의 틀로는 완전히 그릴 수 없다. 이것은 많은 철학자가 공인하는 점이다. '미스티시즘'은 본래 '눈 또는 입을 막자'는 데서 나왔다. 이른바 '그노시스파 사상(Gnosticism)'·'에크하르트(Eckhart) 사상' 등이 그것이다.

인간이 믿는 신은 이 신비 사상의 토대 위에 있다. 신비 사상은 '수피즘'과 연결된다. 신을 두드리는 것은 '인간과 신비적 결합'이다. '영적 결합'이다.

신앙이란 다만 사람의 절실한 내재적 소망 속에서 태어난 것이다. 신을 두드리는 것은 인간의 내재적 영혼의 자유의식에 속한다.

사람은 신을 생각하고 '신과의 합일'을 바란다. 신과의 합일 체험인 '유니언(union)'을 원한다. '사람의 영혼, 사람의 머리, 사람의 가슴이 신과 하나 되기를' 바란다.

독일의 종교학자 루돌프 오토(Rudolf Otto, 1869~1937)는 '종교철학' 속에서 다음과 같이 말했다. 종교의 근저에는 눈으로 보고, 귀로 들을 수 없는 '신비'관이 깊이 관련되어 있다. 그리하여 종교를 신의 밀의(密議)와도 관련 짓는다.

신과 사람의 만남은 이성만으로는 설명이 안 된다. 논리나 증명, 과학으로는 설명이 안 된다. 이것이 신비주의, 신비 체험이다.

신비주의는 무릇 종교 현상의 활발한 원동력의 하나로 본다. 또한 종교 발생의 토대로도 본다. '감각적 세계'란 이성보다 감정·마음·생각이 앞선다. 이성으로 설명이 안 되는 초상적(超常的) 현상, 환시(幻視)·황홀(恍惚) 상태에서 신과 사람이 합일되는 것이다. 영합(靈合)이 이루어진다.

신앙은 영혼의 지각을 통해 신 즉 '최고의 실재'와 만나거나, '우주의 궁극적 근거'와의 혼융(混融)을 기하는 인간 내면의 체험이다. 신앙을 통해 '자아(自我)' 속에 '타아(他我)'인 신과 합일하고, 귀의하고, 은총과 구제를 받는 것이다.

『우파니샤드』에 나오는 '브라만'신의 존재는 '빛'이요, '대우주의 참', 광채(光彩)·섬광(閃光)이다.

철인 '에크하르트'는 그리스도교는 '신비주의'와 밀접하다고 말했고, 이슬람교도 '신비주의·수피즘'과 한 갈래라고 했다. 칸트는 '창조주와의 접합'·'인식론상의 승화'·'궁극의 실재에 대한 합일'이라 했다. 이러한 '신(神)과 신앙자', 인간 사이에는 '언령(言靈)의 신비의 다리'가 있어 '교합이 이루어진다'고 했다.

불교에서는 '깨달음'·'신해(信解)'를 통해 접합하고, 힌두교에서는 '바크티[信愛]'를 통해 신과 만난다. 조로아스터교에서는 '선과 악의 선택'을 통해 만나고, 그리스도교와 유대교에서는 '계약'을 통해 신과 인간은 관계가 설정되며, 훗날 개신교에서는 '사랑'을 통해 아버지와 아들 관계로 신을 만난다.

이슬람교에서는 신에게의 복종을 통해 따른다. 유교에서는 천도(天道), 즉 인도(人道)·도(道)에서 하나 되고, 도교에서는 무위자연을 통해 신과 만난다. 고대 '그리스'의 신들은 인간의 '탄원(歎願)' 관계에 있었다.

신앙이란 영합(靈合)이다.

『신약성서』의 「요한복음(Gospel According to John)」에서 신은 "나를 따르라. 나도 그대들 속에 있다"라고 했고, 『우파니샤드』에서는 '브라만 우주'가 '나' 즉 '아트만'이요, "아트만이 브라만이다"라고 했다.

본시 '나' 속에는 '우주'가 있다. '나'란 대우주의 파생물이다. 그런데 떨어져 나온 파생체 '나'는 방황하고 헤맨다. 그리하여 그 우주인 신, 절대적 존재에 사람은 다가가 '하나'되고자 한다. 이 사이에 신앙의 다리가 놓인다.

신앙은 신성을 지닌 신에게 영혼을 가진 인간이 명상을 통해 합일하는 것이다. 이슬람교나 불교에서도 표현의 차는 있어도 '유신론적 합일설'은 같다.

불교의 대승 사상에서는 '신'이라는 표현은 없지만, '불성(佛性)의 나의 깨달음'은 곧 신성인 빛과의 합일을 뜻한다. 개인적 자아가 소멸하고, 불성·공(空)만 존재하는 경지, 그것이 하나 되는 경지다. 불교의 정토종(淨土宗)에서는 '아미타불'·'관세음보살'과의 합일을 신앙의 바탕으로 삼는다.

이 신앙의 바탕은 일신교나 다신교가 같다.

그리스도교나 유대교의 수육(受肉) 사상[삼위일체론], 부활(復活) 사상, 힌두교의 화신(化身) 사상, 붓다의 보살 사상 등은 모두 이러한 '신비주의' 속 합일 신앙의 바탕이 되었다.

___주체와 객체의 합일!

영(靈)과의 동치(同置)!

인간과 신의 합일!

'유니티(unity)'·'아이덴티티(identity)'·'합일과 결합'·'합일과 동일'

나는 나, 너는 너가 아니라 '너는 나이고, 나는 너'인 경지!

힌두교의 성전 『바가바드기타(Bhagavadgita)』에서는 '신의 노래'를 그렇게 부른다.

___이 세상 온 누리는 나타나지 않는 나타남의 신에 의해 채워져 있다. 널리

채워져 있다. 만물은 나 속에 존재한다. 그러나 나는 그들 속에 함께 있지 않다. 함께 있어야 한다.

힌두교의 '크리슈나(Krsna)'신은 이렇게 말했다.

힌두교의 신들은 이 신, 저 신으로 탈바꿈하고 이 사람, 저 사람으로도 탈바꿈한다. 이것과 저것이 함께한다. 신비주의 속 영원한 빛, 절대적인 진리, 그 인위적 존재와의 만남! 그것이 명상이요, '요가'다. '하나가 되는 것이다. 안기는 것이다.'

이것이 신앙이다. 이것이 종교다.

신앙이 무엇인가?

신을 두드린다는 것은 무엇인가?

신앙이란 빛을 섬기는 것이다. 신앙이란 삶의 밝은 길을 찾는 것이다.

진리가 무엇인가?

선지자들은 구경(究竟)의 진리가 먼 것이 아니라고 했다.

진리의 빛을 밖에서 찾는 것은 아니다.

마음속에 떠오르는 태양, 영혼 속에 밝아오는 대우주, 그 영원한 질서, 그 절대적인 섭리는 밖에 있는 것이 아니다.

이 모든 빛은 '나' 속에 있다.

신앙이란 '나', 그 '나' 속 빛을 찾는 것이다.

그것이 신이다. 그것이 하늘이요, 빛이다.

'나'를 깨우는 것이 진리를 두드리는 것이다.

'나'의 어둠, '나'의 방황, '나'의 욕심과 번뇌를 지워야 한다.

버려야 한다. 벗어나야 한다.

그것이 신앙이다. 그것이 참선(參禪)이요, 요가·명상이다.

비워야 한다. 떠나야 한다.

그것이 '나'를 깨우는 것이다.

'나'를 깨우는 것이 '빛'을 두드리는 것이다.

대우주의 영원 절대의 뜻 속에 하나 되는 것이다.

모든 신을 두드리는 의례(儀禮)는 나의 명상 속에 있다.

이 세상 신은 하나다.

참다운 신앙인, 참다운 명상가는 신의 이름을 초월한다.

'신'이면 된다. '빛'이면 된다.

'하느님'이면 된다. 대우주의 창도자, 전지전능의 존재이면 된다.

신 나름의 의례를 초월한다. 특정한 종교의 이름을 초월한다. 특정한 신의 말씀, 경전의 독자성을 초월한다. 그러나 모든 신, 모든 경전의 빛을 하나로 보고 조탁하고 연마한다.

신앙은 외형이나 형식이 아니다. 신앙은 자기 영혼과의 싸움이요, 자기 영혼의 갈음이다.

흐린 마음, 어두운 마음, 어린 마음, 그 미혹(迷惑), 그 혼미(昏迷), 그 방황을 묶는 것이다. 그 욕(辱), 그 착(着), 그 욕(慾)의 혼돈에서 벗어나고 참의 빛 속에 신애(信愛)하고 신해(信解)하며, 불안과 어둠에서 벗어나 사랑하고 감사하며 합일하고 안기는 것이다.

신은 빛이요, 뜻이요, 법이다.

신은 사랑이요 도(道)이며, 구원이요 구제다.

신앙이란 빛을 두드리는 것이다.

신앙이란 참을 닦는 것이다.

신앙이란 사람으로 태어나 사람의 영원한 길을 찾는 것이다.

찬양하고 감사하고 두드리고 닦는 것 그것이 신앙이요, 명상이다.

신을 두드리는 것은 대자연의 섭리를 두드리는 것이요, 우주의 뜻, 이 세상 생명의 참을 두드리는 것이다.

신앙이란 빛을 두드리는 것이다.

'두드린다'는 것이 무엇인가?

'두드린다는 것은 닦는다'는 뜻이다.

이것이 신앙이다. 신앙이란 수행이다.

신앙은 빛을 믿고, 섬기고, 두드리는 것이다.

믿는 것은 자기 영혼을 포개는 것이요, 믿는 것은 자기 영혼을 닦는 것이다.

신을 믿고 그 의례를 따르는 것은 자기 영혼을 그 빛 속에 하나 되게 하는 것이다.

기도하는 것은 찬양만이 아니라 참회하는 것이다. 감사하는 것이다. 뜻을 받드는 것이다. 고해하는 것이다.

신의 은총에 찬양의 예를 드리는 것, 이것이 제식(祭式)이요 의례다.

신앙은 서약이요, 다짐이다.

신앙은 바라보기만 하는 것이 아니라 나의 서약을 고백하는 것이다.

신앙은 영혼의 다짐이요, 영혼의 서약이다.

두드림은 닦음이요 보은이고, 실행이다.

영혼의 서약은 영혼의 다짐이다.

참다운 신앙은 참다운 나의 삶의 실천이다.

### 5) 닦음, 빛의 두드림

'두드림은 닦음'이다

신앙의 바탕은 빛의 두드림이지만, 그것은 곧 '자기 자신의 닦음'이다.

사람은 죄를 짓는다. 사람은 욕심이 있다. 사람은 불안하다. 사람은 혼자 살 수 없다.

이웃을 생각하고 어려운 사람을 생각해야 한다. 참회하고 성찰하며 되돌아보고 다시 깨어나 사랑을 다짐하고 자비를 실천해야 한다.

사람으로 태어난 것, 사람의 삶을 살 수 있게 된 것, 눈으로 볼 수 있고 귀로 들으며, 배우고 익히며 먹고 걸어가고 일할 수 있는 그 모든 것을 감사해야 한다.

스스로 회개하고 자기 마음을 비우며, 신 즉 하늘의 품에 하나 되는 것, 이승에서의 삶을 신과 함께하고, 저승에서의 삶 또한 하느님과 함께하는 것, 그것이 신앙이다.

그것이 해탈이다.

그것이 명상이다. 그것이 빛과의 합일이다.

저 불빛처럼 출렁이는 영혼! 빛의 세계!

불생불멸의 떠도는 영혼! 불빛의 우주!

사람은 무엇인가? 사람은 어디에서 와서 어디로 가는 것인가?

저 별들이 타들어 가는 우주!

텅 빈 하늘의 목멤! 신은 무엇인가!

'나'는 무엇인가! 무한한 고독, 무한한 불안 등.

저 푸른 우주, 빛의 하늘.

그 품에 하나 되는 것, 합일하는 것, 안기는 것.

그것이 신앙이다. 그것이 종교다.

그것이 명상이다.

신앙이 무엇인가?

신앙이란 진리의 빛, 삶의 참에 다가가기 위해 신을 섬기는 것이다. 신을 믿고 섬기고 받드는 것이 종교의 의례·제례·예배다. 그러나 그 신앙의 바탕, 핵심은 명상에 있다.

인도 고대 민중은 신을 두드리는 신앙의 의식, 신앙자가 신과 하나 되는 의례의 방법을 명상·요가·참선이라 생각했다.

모든 종교는 이승만이 아니라 저승에 삶을 연결한다. 그리하여 이 세상의 수행 속에 내세에 대한 신의 빛을 함께 부른다. 이 신앙의 철학적 세계관은 힌두교 최초의 경전 『베다』에 잘 나타나 있다. 이 경전 속에는 세상에 대한 찬가, 신에 대한 찬가와 함께 내세 속에 현재의 긍정적 세계관이 함께 포개어져 있다.

신들은 이 세상 공중을 날고 지구를 건너뛴다. 시간을 주름잡고 공간을 초월한다. 이것은 이 세상 성자에 대한 찬양의 기조다. '아리아'인들은 기원전 1500년 전부터 우주[브라만]의 법칙을 믿었고, 이 속에는 인간의 업보(業報) 법칙인 '카르마'가 있었다. '업보'란 이승과 저승을 연결하는 고리다. 저승을 명상하지만 이승도 함께 포개어 신비 속에 다룬다. 이것이 '요가'다.

'있다' 곧 유(有)의 세계와 '없다' 곧 무(無)의 세계를 포개고 현세에 집착하지만, 동시에 내세에도 연결한다. 신앙의 터전은 언제나 현재 삶을 영위하는 세상이지만, 그 속의 허무와 절망, 불안과 공포를 뛰어넘어 편안하고 영원한 내세를 꿈꾸고 염원하는 데 있다. 따라서 신앙상의 현세 부정 사상은 현세 긍정 사상 속에 병행한다.

경전 『브라마나(brahmana)』의 「제의서(祭儀書)」 속에는 세상을 떠나 숲 속에서 수행하는 신앙자들을 찬양한다. '갠지스(Ganges) 강' 유역 일대에서, 또는 깊은 숲 속이나 공지·사원 등에서 명상가·철학자 들은 요가를 한다. 신앙의 삶 속에서 삶의 반을 살아가고, 저승의 명상 속에서 삶의 반을 살아간다는 말을 한다.

적어도 기원전 600년경 『우파니샤드』 시대까지는 이러한 고행자가 많이 출현했다. 공희(供犧)와 주문을 주로 하는 사제도 많았고, 깊은 숲 속에서 종교적·철학적 교육을 널리 펴나가는 철인 선지자도 많았다. 정글의 더위 속에서 끼니를 굶으며 고행(苦行)에 전념했는가 하면 뜨거운 불 곁에서 인내하며 좌선했다. 거친 못 방석에 앉고 나무에 매달리고 불 속을 걷는 등 여러 가지 방법으로 수행과 고행을 해나갔다. 그들은 수행을 '고행'으로도 생각했다. 사제는 명상과 요가를 하고 철학 교육도 했으며, 금욕적 신비 체험을 많이 했다.

오늘날도 힌두교도들은 인생의 단계를 현세적 요소와 비현세적 요소로 함께 엮어 수행이나 고행에 힘쓴다. 인생의 단계를 네 단계로 나누어 어린 학생기는 성스러운 지식을 익히고, 자라나 결혼을 해 실제 주인이 되면 가정의 삶을 살고, 늙어서 손자가 보일 무렵에는 숲 속에 들어가 유행(遊行) 속에서 수행을 쌓으면서 관조와 명상 속에 보낸다. 인생 만년이 되면 우주, 숲과 물 속을 거닐며 신을 생각하고 우주의 섭리, 질서와 '나' 자신을 생각한다. 현세 부정은 단순히 '금욕주의'만이 아니라 주요 명상가의 교설을 따르고 수행을 쌓으며 만물 속 '혼'을 두드리고 굶주림과 단식 속에서 육신을 고행하는 요가 속에 보내면서, 혹은 휴식을 취하면서 다가오는 노화와 죽음을 편히 맞는 것이다.

영혼을 두드리는 행자는 '욕(慾)'을 버리고 '탐(貪)'을 떠나 '행(行)'을 닦으며, 침묵의 성자가 된다. 현실 속에서 현실을 떠나 생(生) 속에 사(死)를 포개어 무욕(無慾)·무소유(無所有)·무출세(無出世)의 명상을 실천한다.

이 세상은 태초부터 없는 것[無]도 아니요 있는 것[有]도 아니며, 차 있는 것[滿]도 아니요 비어 있는 것[空]도 아닌 것이다. 따라서 우주와 나, 나와 우주 속 하나의 결합, 하나의 통일 원리를 추구하며 삶을 실천한다. 이를 불교의 대승 사상 속에서는 '유일물(唯一物)'·'중성(中性)의 근본 원리'라고 했다.

인도 민중의 종교 생활의 근간이 되었고, 오늘날 많은 종교학자와 철인이 세계 최대의 경전이라 칭송하는 『우파니샤드』. 그 기본 골격을 다시 음미해 본다.

일체 생명 속에는 우주, 그 창조체가 내재해 있다. 아트만 '나'는 영혼이요, 숨결·호흡·자아체(自我体)·내면의식·자각력(自覺力)으로 표현한다.

우주·하늘의 신은 세상 우주 일체를 창조한 다음, 그 자신의 불가사의한 신비력·창조력에 의해, 분화력(分化力)·화현력(化現力)에 의해 스스로 무수히 분화되어 다시 피조물인 일체 생명체 속으로 돌아가 아트만 즉 개아(個我)의 성(性)으로 존재한다. 다시 말하면 우주는 빛, 불, 힘, 창조력, 유성(有性)·무성(無性)의 감화력, 본질적·내재적 에너지인 화현력을 통해 이 세상 일체의 유형·무형의 생명체를 창조하고, 그 속 하나하나에 내재해 영겁(永劫)하도록 유지·존속·섭리·통제하며, 나아가서 그 화현력을 통해 그 명(命), 그 진리의 한 부분 한 부분이 힘으로 '나' 곧 개아(個我)의 씨알 속 영혼·자각력·내면의식 등 그 하나하나를 이룩하고 나타낸다는 것이다. 따라서 이 세상 일체의 개체 속에는 그 개체만이 존재하는 것이 아니라['아트만'만 별개로 있는 것이 아니라], '브라만' 즉 우주, 그 명(命)의 빛이, 법(法)이 함께 존재·발현한다는 것이다.

사람 하나하나 속에는 창조의 신, 우주 곧 '브라만'의 빛이 작용한다. 신을 두드리는 것은 자기 자신의 영혼을 두드리는 것이다. 우주는 빛이요, 힘·명(命)·부름의 신이다. 창조의 신이요, 일체의 에너지, 진리의 뜻이다. 이 절대자의 분신인 '아트만' 즉 개아(個我)는 그 신인 우주·하늘을 두드리고 닦으며, 깨치고 갈아나가야 그 도(道)에 설 수 있다. 따라서 브라만은 아트만 속에 있다.

이 세상에 존재하는 모든 존재는 '브라만'이며, 곧 '아트만'이다. 이러한 사상은 그리스도교나 이슬람교, 특히 유대교·힌두교에서의 신관

(神觀)과도 일치한다. 불교·유교의 도(道)·법(法) 개념과도 일치한다.

사람은 신이 만들었다. 그러니 그 사람[生命體] 속에는 신의 빛, 신의 '뜻'과 '길'이 '영혼으로서 존재'한다. 우주는 크지만, 그 속의 '나'도 우주만큼 크다. 이것은 철학이기도 하다.

『우파니샤드』 철학에서는 그 '브라만'과 '아트만' 사이에 '마야'와 '삼사라' 등 암성(暗性)·환영(幻影) 등의 '흐림'·'굴림'을 인정한다. 그것이 이 세상이다. 사람은 이 '마야'를 극복하고 '삼사라'를 신앙과 수행으로 극복해야 신과 결합할 수 있다. 이 세상에는 미혹이 많다. 욕심·어둠이 많다. 이 암성이나 환영은 종교마다 달리 해석하기도 한다. 그러나 어찌됐든 사람은 개아(個我) 자체가 누구나 우주에 귀일하는 것이 아니라, 우주의 질서에는 선(善)과 악(惡)이 있고 이에 응분하는 구원이 있다. 이것은 하늘의 궤도·섭리로 본다. 모든 종교는 이를 교리로 삼았다. '어둠'이나 '흐림', '암성'이나 '환영'은 부단히 사람을 유혹하고 헤매게 한다. 사람은 '마야' 속에 방황한다. 혼미에 빠진다. 조로아스터교나 불교·힌두교 등은 이를 잘 말해주고 있다. 그러기에 동양의 유교나 도교에서도 수행·정도(正道)를 강조한다. 불교에서는 참선, 구법(求法), 보살 수행을 강조한다. 종교마다 신앙의 계율 속에 두드림만이 아니라 '닦음'·'갈음'을 강조하지 않는 종교는 없다. 신앙이란 수행이다. 두드림은 닦음이다.

종교는 자기 참회, 자기 성찰이 기본이다. 자기 하나하나 속에 도사리고 있는 어둠 즉 '마야'를 털고 밝은 빛, 본래의 빛 속에 하나 되는 것이다.

이 신앙 사상은 고대 인도의 선지자·철인 들에 의해 발원해, 급기야 전 세계 '신앙의 원전'으로 자리 잡기에 이르렀다. 모든 신앙, 모든 종교는 이 틀을 기본으로 삼는다. 현재 지구 상에 존재하는 모든 신앙·종교는 대체로 이 골격을 토대로 한다.

『우파니샤드』는 고대의 주요한 세계 언어인 '페르시아어'·'라틴어' 등으로 번역되어 퍼져나갔고, 전 세계 사상가와 신앙 사상의 바탕이 되었다. '크라우제(Krause)'나 '쇼펜하우어(Schopenhauer)' 등은 "이 세상 그 어떤 책보다 값진 책이다. 삶의 큰 위안이며, 동시에 죽음의 위안"이라 했다. 도이센(P. Deussen)이나 니체(F. Nietzsche)·에머슨(R.W. Emerson), 그리고 흄(D. Hume) 등 철학자·사상가 들도 『우파니샤드』 질서는 "신비주의 사상의 원본"이라고 칭송했다. 근대 철학의 비조라 불리는 플라톤이나 칸트 등도 신앙이나 종교 문제는 '신의 존재에 대한 탐구'·'영혼의 불멸성에 대한 확신'·'의지의 자율성 회복 등에 대한 문제' 등이 기본인데 "신 '브라만' 우주, 나 '아트만' 영혼의 결합 그리고 그 결합을 위한 자율의지의 극복, 수행을 통한 빛의 추구, 결합·해탈의 골격 구조는 무릇 이 세상 모든 신앙, 모든 종교의 근간이 되는 문제"라고 했다.

신앙이란 '우주'와 '나'의 결합이다. 종교란 '하늘과 나의 영혼의 합일'이다. 우주·하늘이 곧 신이다. 신앙이란 이 신과 '나'의 영혼이 결합하는 것이다.

사람이 신의 품에 안겨 신의 뜻에 따라 밝게 참되게 살아가려는 것이 신앙이다. 신앙이란 신, 그 우주·하늘의 빛 속에서 이승의 삶을 살고, 그리고 저승의 영원한 빛의 삶을 그 사랑 속에서 살려는 것이다.

신앙이란 신을 두드리고, '나'를 깨우는 것이다. 신앙이란 '나'를 닦는 것이다.

사람으로 태어나게 해주고 보람 있게 살 수 있게 해주신 신에게 감사하고 기도하며, 나의 몸, 나의 전부, 나의 마음, 나의 영혼을 포개는 것이 신앙이다.

다시 명상해 본다.

사람은 신을 어떻게 섬기나?

사람이 신을 섬긴다는 것은 삶의 참의 길, 도(道)를 섬기는 것이다.

신의 빛, 진리란 형상(形象)이 아니다. 형상이 없는데 어찌 크고 작음이 있고 한계가 있겠는가. 한계가 없으니 안팎이 없다. 멀고 가까움이 없다. 그리고 예와 지금이 없다. 낳고 죽음이 없으며 미혹과 깨달음이 따로 없다. 범부와 성인이 따로 없다.

신의 빛 속에는 이름과 말이 따로 없다. 모든 감관(感官)의 대상과 모든 모양, 갖가지 이름, 말이 따로 있을 수 없다. 그리하여 불교에서는 공(空)의 진리를 말한다. 대도(大道)는 세상을 비추는 해의 빛과 같다고 했다. 신앙이란 그 빛을 명상하는 것이다.

사람은 생각하는 생명체다.

사람이 무엇인지를 생각하고, 사람의 삶이 무엇인지를 생각한다. 사람은 대우주의 빛을 생각하고, 사람의 참을 생각한다. 사람은 대우주, 그리고 일체 생명의 섭리와 대질서의 영원성·절대성을 믿는다. 그리하여 사람은 신, 절대적 존재를 믿는다.

대우주·하늘·땅. 일체 생명체에는 일사불란한 절대의 보편적 질서가 있다. 그 질서 속에는 낳고 다스리고 이끌어가는 섭리·법칙이 있다. 그 법칙, 그 보편적 질서, 그 힘, 그 빛, 그 뜻, 그 길 …. 그 속에는 창조주·주인이 있고, 섭리하는 뜻의 주재자가 있을 것이다.

이 세상을 낳고 다스리는 절대자!

일체 우주, 하늘과 땅, 생명체를 낳고 다스리는 초월의 주재자! 만고의 진리를 주관하는 창도자! 그 존재가 있어야 한다. 그 존재자가 누구인가? 그 창조주, 주재의 주인, 섭리의 대존재!

그 존재가 반드시 있다. 있지 않으면 이 세상, 우주, 대자연, 생명체가 존재할 수가 없다.

이것이 인간의 생각이다. 이것이 명상이다. 이러한 신비 사상은 아득한 옛날부터 있어왔다. 그러나 제각각 흩어져 살던 원시생활이 공동체 생활을 하면서, 점차 집단적으로 이러한 문제를 생각하게 되었다. 바로 그 속에서 오늘날 말하는 '종교'가 태어났다.

종교는 머리와 가슴이 있고, 영혼이 있는 사람만이 찾는 가치다.

오늘날 이 세상에 출현한 종교를 통해 대체로 그때 그 민족이 어떤 환경 속에 있었는지를 헤아릴 수가 있다. 종교는 척박한 환경 속에서 인간이 삶을 딛고 일어서기 위해 절대적 존재, 초월적인 존재를 맞이한 것이다.

이 세상의 신은 사람이 모신 것이다. 그때, 그 어려운 삶의 환경, 문명의 욕구, 자연 환경의 극한 속에서 신을 불러들인 것이다.

사람은 사람이 무엇인가를 생각하는 신령(神靈)의 존재다. 삶을 살펴 그 참과 아름다움, 그리고 선(善)과 성(聖)을 찾는다. 영원을 찾는다. 그러나 삶의 환경이 윤택해도 죽음을 벗어날 수가 없다. 사람은 이 세상을 낳고 섭리하는 영원한 존재 절대 존재와 하나 되길 바란다. 그리하여 신을 맞이한 것이다. 그러나 이 세상에 존재하는 오늘날 주요 종교는 '민족종교'이든 '세계종교'이든, 그 종교가 태어난 민족의 생육환경, 문명의 특성, 지역 풍토 속에서 출현했다.

우리는 오늘 문자의 발명을 통해 사람이 원하는 간절한 소망을 '신의 말씀'으로 각색, 그 믿음의 진언(眞言)을 신의 뜻·가르침·예언 등으로 받아들이고, 그 말씀 속에 사람의 마음을 어루만진다. 신이 따로 있는 것이 아니라 사람 속에 신이 있다.

저 『베다』 속 대우주 신의 교시 속에 사람은 명상을 하고 고요에 잠기며 『아베스다(Avesta)』·『탈무드(Talmud)』의 신비 속에 영혼을 재운다. 『구약성서』·『신약성서』 등 성서를 읽으면서 어지러운 영혼을 쓰다듬고, 『코란』을 읽으면서 용기를 되찾는다.

우리는 '사서삼경(四書三經)' 등 유교 경전을 읽으면서 사람이 이 세상을 사람답게 살아가는 큰 길[道]을 생각한다. 불경의 많은 진언(眞言)은 '언어'의 형이하학을 초월, 언어의 직지인성(直指人性) 속 언어를 초월한 참선(參禪)의 지관(止觀)·청정(淸淨)에 이를 수가 있다.

모든 종교 속 신은 한결같이 사람 모두에게 "두려워 말라"고 했고, "어려운 사람을 도와야 한다"고 했다. 신은 사람을 차별하지 않는다. "신을 두드리는 것은 나를 닦는 것이다." 우리는 이 말을 믿어야 한다. 신을 신앙하는 것은 나의 참을 닦는 것이다. 그리하여 종교를 갖는 것은 나 자신의 삶을 닦는 것으로 받아들인다.

# 2. 神·종교, 그리고 철학

___ '옴'!

'옴'은 태양이다.

태양은 끊임없이 '옴'의 소리 속에 불탄다.

'옴'은 태양이 불타는 소리다.

AUMM!

'A'는 모든 소리의 시작이다. '창조'다.

'U'는 모든 소리의 연속이다. '유지'다.

'M'은 모든 소리의 종결이다. '파괴'다.

'M'은 소리의 공(空)이요, 무(無)다.

'옴'은 지구가 태양 둘레를 도는 소리요,

전자(電子)가 원자핵(原子核)의 주위를 도는 소리,

식물이 싹트는 소리요,

'옴'은 생명 그 자체의 소리다.

'옴'은 악마를 쫓는 소리요, 빛과 함께 하나 되는 소리,

'옴'은 입이요, 눈·소리요, 마음·숨결이요, 깨달음이다.

'옴'은 명상의 세계다.

『우파니샤드』에서

___ 사람, 그 인생의 지혜란 무엇인가?

논(論)!

말을 사랑하는 사람은 지식을 사랑한다.

징(懲)!

징계하는 사람은 어리석다.

착한 사람은 신(神)이 반겨 맞는다.

악한 짓을 하는 사람은 그 죗값을 치른다.

신(神)에 등을 돌리면 일어설 수가 없다.

신을 섬기는 사람은 흔들리지 않는다.

신을 따르는 사람은 정의(正義)의 편이다.

신에게 등 돌리는 사람은 배반의 역혼(逆魂)이다.

신에게 거역하는 사람의 말에는 유혈이 밴다.

바른 사람의 입은 자기 자신을 구제한다.

신에 배역하는 자는 멸망하고

신을 좇는 사람은 이겨낸다.

사람이 참을 알면 흔들림이 없고,

마음이 흔들리는 사람은 남에게 욕을 당하기 쉽다.

사람은 사람을 잘 이끌어나가야 빵을 굽지 않는다.

솔로몬의 「잠언(箴言)」에서

### 1) 삶·철학, 그리고 종교

종교는 철학과 떼어 생각할 수가 없다.

종교는 본시 사람의 사람다운 삶이 무엇인지에 뿌리를 두고 인간의 불안 외포(畏怖)로부터 신앙을 통해 벗어나고, 나아가 극복하는 것이다. 철학의 태동도 근본적으로 사람의 삶이 무엇인가에 대한 탐구에서 시작되었다. 그리하여 그리스의 철학 발생기에 철학과 종교는 하나로 융합되어 있었다.

그리스의 철학은 만물의 근원을 '아르케(arche)'라 했고, 아리스토텔레스(Aristotle)는 '혼의 불사'를 말했다. '에피쿠로스(Epicurus)' 학파들은 인간 혼은 작은 핵 원자(atom)라고 했다. 혼의 불사 속에서 신을 생각했고, 고차원의 '이데아'계, 이 세상의 질서의 근저를 '토 헨(to hen, 一者)'·'누스(nous, 精神)'·'프시케(psyche, 靈魂)'라고 했다. 그리하여 그들이 태양 속에서 유출(流出)의 프로세스를 통해 '신과 합일'한다고 보았다.

소크라테스 이전 '피타고라스(Pythagoras)' 시대의 철학은 지혜를 사랑했고, 지혜를 구하는 철학적 인식의 도(道)는 그대로 영혼의 해탈과 평안에 이르는 종교적 생(生) 자체였다. 그 후 플라톤이나 아리스토텔레스의 철학은 그리스 민족의 종교인 다신교, 신화적 세계관에 대한 지적 비판의 입장이었고, 이 종교에 대한 비판과 반항은 그대로 세계의 종교적·신화적인 것을 지적으로 세련시키는 인소(因素)가 되었다.

플라톤 철학 속 '이데아'의 최고 선(善)은 신이었다. 그 후 아리스토텔레스의 철학도 세계운동의 제1 원인으로 '부동의 원동자'로서의 신이 중심에 섰다.

이들은 학문적 인식인 철학과 혼의 구제 또는 해탈을 목표로 하는 종교적 요구를 합일시킨 것이다. 그러나 이러한 종교와 철학의 통일은 다시 서로 대립하기도 했다.

또한 종교는 삶의 지혜를 다루는 철학 속에서 맥을 같이하며 생성되었다. 그리스에서는 지혜를 말한 소크라테스, 그 제자 플라톤·아리스토텔레스 등이 '사람은 무엇인가?'·'존재란 무엇인가?' 등 최고 존재와 신이라는 문제를 제기했다.

그리스도교가 로마 제국에 의해 공인된 이후 중세로 들어오면서 종교[그리스도교]가 철학보다 우위에 서게 되고 그리스 철학의 지적 궤도의 외부에 있던 신의 계시의 신앙을 인간의 합리적인 지적 입장에서 통합하려는 지적 움직임이 등장했다. 그리하여 아우구스티누스(Aurelius Augustinus)나 토마스 아퀴나스(Thomas Aquinas)의 신학이 나왔고, 이러한 철학은 신학의 진리성을 논증하는 역할을 했다.

아우구스티누스는 플라톤 철학의 개념을 사용해 그리스도교 신앙을 설명하려 했기 때문에 토마스 아퀴나스는 아리스토텔레스 철학의 용어와 사상으로써 신학을 조직했다. 다만 인간은 신의 현존재에 대해서는 철학적 이성의 힘을 빌려 확실한 지적 깊이를 가질 수 있으나, 신의 내적 본질 세계와 관계하지 않는 신 자체의 영역에 대해서는 그리스도의 계시를 그대로 믿는 신앙으로써만 받아들일 수 있게 되었다.

여기에서 문제가 된 것은 신앙과 이성의 관계인데 신앙이 이성보다 상위에 놓여야 한다는 점은 중세철학의 일관된 통념이며, 특징이었다.

철학은 종교적 관념에 봉사해 그 진리성을 변명하는 정도였다.

중세철학에서는 새로운 지적 신앙론이 대두되었다. 중세 가톨릭 교회에서 '캔터베리 대주교'라는 위치에 있던 안셀무스(Anselm of Canterbury)는 일관되게 '신앙과 지식의 일치'를 확신했다. 신앙의 내용은 모두 이성적·학문적 증명이 가능하다고 생각해 신의 존재를 증명하고자 했다.

"모르기 때문에 나는 믿는다." 이는 그의 유명한 제언이다. "이성이 신앙을 기초할 수는 없어도 신앙은 스스로 내용을 합리적으로 이해시킨다." 이것이 그의 주견이다. 초기 스콜라 철학에서는 "신앙과 지식은 일치하는 것"이라고 하면서, '신'이란 마음속에만 있는 것이 아니라 실재하는 것이라고 했다.

그리스도교의 기초를 이룩한 플라톤이나 '신플라톤주의'를 받아들인 스콜라철학. 그것은 종교 교의의 기본 사상인 '보편의 개념'을 확립시키는 역할을 했다.

그리스도교는 최초의 인간 '아담(Adam)'이 범한 죄에 따라 인류 전체가 죄에 빠졌다는 주장을 폈다. 그리하여 '그리스도'의 십자가의 죽음에 의해 사람 모두가 그 죄에서 벗어난다고 했다.

'한 사람의 죄가 인류의 죄가 되고, 구제자 한 사람의 행위가 인류 전체를 구한다'는 생각은 인류 전체의 보편이 개개의 존재보다 앞선다는 생각 위에서만 성립한다. 철학에서 말하는 '보편 실재(實在)론과 유명(唯名)론'이 여기에서 대두되는 것이다.

'보편은 개개의 사물에 앞선다.' 이것이 보편실재론이다. '유명'은 나·

너는 개개이고 동물이면서, '보편'이나 씨알·생물 등은 종(種)이고 최종적 창조자는 유(類)이며, 그 유에 신이 있다. 이것이 범신론(汎神論)이다.

토마스 아퀴나스는 '아우구스티누스'와 함께 세계 최고의 신학자다. 그들 시대에 스콜라 철학은 최전성기에 들어섰으며, 마침내 아리스토텔레스의 철학을 스콜라철학에 융합했다. "사물은 형상(形相)과 질료(質料)로 되어 있다." 이것이 토마스 아퀴나스의 지론이었다.

토마스 아퀴나스는 아리스토텔레스의 자연관찰 속에 다시 존재론을 제기했다. 그는 사물은 단계가 있는데 가장 낮은 단계가 비생물이요, 미생물·식물·동물·사람의 단계로 존재하며, 그 위에 천사, 최고위에 신이 존재한다고 했다. 인간의 단계는 이성의 단계이며, 이 이성의 고차적인 것이 "신앙을 통해 신에 근접하는 것"이라 했다.

토마스 아퀴나스는 '신의 존재'를 증명하면서 "자연을 관찰하면 그 속에서 질서를 느낄 수 있으며, 그 질서를 통해 신을 이해한다"라고 했다. 그리고 '존재와 윤리설' 속에서 "인간은 자연히 선(善)을 구하고, 악(惡)을 피하도록 되어 있다"는 이론을 폈다.

'근세'로 접어들면서 철학자들은 사람의 삶을 생각했다.

근세 철학은 '종교에 대한 철학적 사색의 자유의 복권' 같은 성격을 띤다. 중세 철학이 종교적 신앙을 합리화하는 것으로 보존한 것처럼 근세 철학에서는 종교가 결코 부정되지 않고 철학적으로 단련되어 세련·심화된 것이다.

근세 철학은 그리스도교에 대해, 일찍이 플라톤이나 아리스토텔레스의 그리스 철학이 신화적 종교에 대해 취한 '파괴와 재건'의 태도를 보인 것이다. 따라서 그리스 철학의 경우처럼 '종교적 철학의 재구성'이 근세 철학의 임무에서 중요한 일면이 된 것이다.

특히 18세기에 칸트가 등장해, 철학의 주제는 신보다 인간 이성의 한계로 초점이 옮겨졌다. 또한 영국 경험론의 베이컨(F. Bacon), 대륙합리론의 데카르트(R. Descartes) 등이 등장했으며, 홉스(T. Hobbes)·로크(J. Locke)·버클리(G. Berkeley)·스피노자(B. Spinoza)·라이프니츠(G.W. Leibniz) 등이 이 경험론·합리론에 가세하기도 했다.

데카르트에서 칸트를 거쳐 헤겔에 이르기까지 근세로 접어들면서 등장한 여러 종교 이론은 철학적 합리성의 입장에 서서 하나의 '이성적 종교'를 생각한 것이다.

데카르트는 '신의 존재'와 영혼불사 이론을 제기했다. 그는 갈릴레이에서 비롯된 근대 과학의 기계적 자연관과 그리스도교 신앙을 조화시키기 위해 만인에게 주어진 '자연적 이성'의 입장에 서는 철학이 불가결하다고 했다.

칸트철학은 데카르트와 같은 자연이성의 입장이 아니라 '이성이 이성 자신 속에 반성된 비판적 이성'의 입장이었다. 칸트는 데카르트가 행한 신의 존재와 영혼불멸의 이론적 증명을 '독단적 형이상학'으로 보고, 이를 대신해 '도덕적 증명'을 꾀했다.

칸트는 이 문제를 이론이성[인식]보다는 한층 깊은 '실천이성[의지]'의 차원으로 옮겨 "신의 존재와 영혼 불사를 도덕적 신앙의 대상, 이성에 대한 요청"으로 긍정한 것이다. 칸트는 종교적 진리를 철학적 논의 밖에 두지를 않고, 이론이성을 초월한 실천이성 차원에서 포착했다고나

할까? 어찌 됐든 데카르트보다는 한 단계 진행된 경지로 볼 수 있다.

헤겔은 그리스도교[종교]와 철학은 공히 절대자에 관한 것으로 간주해 "종교가 절대자를 비유와 상징 등으로 표상하는 것인 데 반해, 철학은 개념의 형식으로 절대자를 포착하는 것"이라고 했다. 그리고 아는 것[주관], 알리는 것[객관]의 대립은 아직 남았다. 개념적 인식은 이 대립을 지양해 인간과 절대자와의 '진(眞)의 통일'을 실현해야 함을 역설했다. 헤겔의 입장은 '철학이 종교의 진리'인 셈이다.

이처럼 근세 철학은 18세기 데카르트·칸트·헤겔에 이르러 양상을 달리해 하나의 '이성적 종교'의 울타리를 만들었고, '종교의 철학화'보다는 '종교의 합리화' 쪽으로 더 기울어졌다. 그러나 헤겔의 퇴조 후 19세기 후반의 철학 사상은 종교에 대한 비판에 치우치는 경향을 보였다.

포이에르바하의 인간학, 콩트(A. Comte)의 실증주의, 그리고 마르크스의 '유물사관'은 모두 종교를 부정하는 입장에 섰다. 이 반종교적 철인들은 종교를 인간 사회의 일정한 단계에서의 잠정적 현상으로 보았으며, 결코 이것은 인간 존재의 본질이 아니라 결국 장래에는 소멸하는 에피소드에 지나지 않는다고 지적했다. 이렇듯 현대 철학은 종교와 형이상학이 갖는 신의 존재나 영혼불사의 문제를 전적으로 의심치는 않으나, 인간에 있어 무의미한 것이라고 선언하기도 했다. 여기에서 종교와 철학은 상호 간에 도전적 입장에도 섰으며, 이것은 기성 종교가 자체 개혁의 실마리를 찾는 계기도 되었다.

이 같은 변화에는 니체나 키에르케고르·야스퍼스의 실존 사상도 한몫 거들었다. 실존 사상에서는 철학적 사색과 종교적 현실성 문제는 '사

(死)의 불안' 문제를 초극하는 절실한 과제로 보기도 하며, 철학의 임무는 종교에 있어서의 생생한 진리를 이론적으로 반성하고 이것을 가능한 한 명료화한 의식으로 전환해야 함을 역설하고 있다. 그러나 틸리히(P. Tillich) 같은 철인은 "철학의 임무는 종교에 있어서도 진리를 이론적으로 완성해 이를 명료화하는 것이며, 종교는 심령(心靈)상 문제인데 철학자가 자기이론 체계 속에 종교를 훼손해서는 안 된다. 철학자는 인간의 이 심령상 문제를 설명하지 않으면 안 된다"라고 통렬히 반박하기도 했다.

철학은 이렇듯 사람 세상의 근대라는 대단원을 형성했다. 그러나 이러한 철학은 '현대'라는 문턱으로 들어오면서 '신에게서 빼앗은 인간'의 머리는 새로운 방황을 하게 된다. 긍정적으로 말하면 '모색'이 될는지 모른다. 그러나 본질적으로는 합리주의와 비합리주의의 충돌이라고 볼 수 있다.

어찌 됐든 종교에 대해 철학이 갖는 임무는 현대로 접어든 이후 새로운 좌표를 세워야 할 시점에 와 있는 것이 사실이며, 현대 신학이나 철학이 서야 할 자리를 다시 생각해야 한다는 것 또한 엄연한 당면 과제다. 종교철학에서 배제할 수는 없는 절대 영역이지만, 철학 자체가 종교는 아니라는 입장에서도 생각해야 할 문제다.

종교!

그리고 철학!

철학은 사람의 삶이 무엇인지를 다루고, 종교는 그것을 신과 결부한다.

신이 있느냐 없느냐?

있다면 신은 어떻게 있고, 사람과는 어떻게 관계를 맺어왔는가?

신을 생각하는 데 가장 직접적으로 관련을 맺은 것은 죽음이라는 문제였다.

사람이 죽으면 영혼은 어떻게 되나?

많은 철인들은 이 문제를 집중적으로 생각했다.

죽음이란 종말인가?

죽음이란 변신(變身)인가?

삶이란 어떤 의미가 있고, 죽음이란 일체가 소멸하고 마는 것인가?

철학자들은 생명체의 생성기멸 현상을 냉철하게 바라보았다. 사람과 다른 일체 생명체와는 어떻게 다른가? 일체 생명체들은 꽃이 피면 씨알이 생기고 다시 태어난다. 해는 뜨면 지고, 진 해는 다시 돋아난다.

우주의 별들, 하늘의 조화, 대계의 생성기멸, 생명의 존망, 이 속에서 사람은 무엇이며, 그 사람의 영혼은 무엇인가?

사람은 죽는다. 사람은 죽을 수밖에 없는 존재다.

독일의 철인 '막스 셸러(Max Scheler)'는 『사(死)와 여생(餘生)』 속에서 '현세 사람들은 죽음을 인정치 않는 관념'이 있다고 했다. 삶 속에서 '생(生)'을 사랑하고 '사(死)'를 혐오한다는 것은 현대인만의 생각은 아니다.

플라톤은 '혼의 불사'를 '이데아(idea)' 철학에서 말했다. 사람 속 '프시케' 즉 혼(魂)과 명(命)은 영원히 사멸치 않는다고 했다. 이를 플라톤은 「파이돈(Phaidon)」에서 '사(死)란 혼이 육체에서 벗어나는 것'이라 했다. '인간의 혼은 사(死)를 초월·불멸'이라 했다.

이에 대해 '그리스도교'는 '사(死)의 재생·부활(復活)'을 말했다. "한 알의 밀은 떨어져 [죽어야만] 씨가 다시 태어난다."

'사람은 처음서부터 하나하나 인간 세계에 있는 것은 아니다. 하나하나는 수십 년 전 인생이라는 장소에 온 것이다.'

사람은 어디서 왔는가?

'사람은 부모로부터 왔다.' 이것은 답이 되지 못한다.

사람은 자기 것이 아니다.

'사람은 죽으면 그만이다.' 이것도 답이 되지 못한다.

처음이 무엇이고, 끝이 무엇인가? 시간이 무엇이고, 공간이 무엇인가?

사람은 그것을 들여다볼 수가 없다.

'사람의 생과 사는 신의 구제 속에 있다.' 이것도 풀리지 않는 문제다.

'사람은 우주 속에서 방황하는 존재'일 뿐이다.

불교에서는 죄업(罪業)을 말한다.

그리스도교에서도 원죄(原罪)를 말한다.

대승불교의 일파인 정토종(淨土宗)에서는 "사람은 무한의 우주 속에서 자기 힘만으로는 살 수 없다"라고 했다. '우주와 함께 산다'·'기법일체(機法一体)!'·'법(法)의 심신(深信)' 속에서 '기법일체'가 되어야 함을 말했다.

산스크리트어 '삼사라(samsara)'는 '유전(流轉)'·'윤회(輪廻)'로 번역된다. '사람은 무한 속에서 생사유전한다'. '전생'·'후생'·'현생'·'무한'의 생상유전이 무엇인가? '행한다'·'있다' 이 속에 살아가는 것, 그 속에서 '자기중심성'·'자기 폐쇄성'을 갖는 것, 이것이 죄인가?

피히테는 '사람과 죽음', '사(死)와 불사(不死)'에 대해 '자기(自己)'·'나'는 죽는 것이 아니며 자기의식, 자기의 본질은 영원이며 불멸이라 했다. 그는 생명·정복(淨福)·존재를 하나로 생각했다. 사자(死者)는 무(無)로 돌아가는 것이 아니라 의연히 존재한다고 했으며, "사람은 이 세상에 올 때처럼 갈 데도 피안 속에 가지만, 그 속에 나는 있다"라고 했다.

하이데거는 인간의 존재를 '현존성'이라 부르고 "신에의 존재(存在)"라고 정의하면서, "사람이란 언젠가 죽는다"·"사람이란 죽음의 존재다"라고 했다.

많은 철인은 '사람이 무엇인가' 속에서 신을 함께 생각했다.

'절대'는 무엇이고, '영원한 진리'는 무엇인가? 우주는 무엇인가?

우주라고 하는 '인격신'은 존재한다고 보아야 한다.

사람이 산다는 것은 무엇이고, 죽는다는 것은 무엇인가?

이렇듯 신앙 문제에 대한 깊은 사색으로, 신학·종교학이 대두했다.

### 2) 종교와 신, 그리고 또 다른 시선

신, 그리고 철학!

이 문제를 니체를 중심으로 생각해 본다.

"신은 죽었다." 이것은 철인 니체가 한 말이다.

"사람만이 참[眞]의 창조자다." 이렇게도 주창했다.

"사람은 신 없이 지낼 수 있다. 사람에게는 용기가 있고 두뇌의 엄밀성이 있으며, 삶에 대해 자부하는 독립성, 그리고 가혹성이 있다"라고 했다. 그리하여 세인들은 그를 '초인(超人)'이라 했다. 니체는 '초인주의자'다.

'초인'이란 강인한 지혜와 격정으로 세상을 살아간다. 초인은 '영겁회귀의 고통을 이겨나갈 수 있는 존재이며, 생을 생으로 초월할 수 있는 존재'다. 초인은 이 세상에 살면서 이 세상을 초월할 수 있는 존재다.

니체는 그리스도교를 부정했다. 도덕을 부정했고, 객관적 진리의 존재를 부정했다. 그리고 이 세상, 기존의 일체의 가치관을 부정했다. 특히 중세 이후 권위를 누려온 그리스도교를 비난했다. 그리하여 니체의 사상을 '니힐리즘(nihilism)'이라고도 한다. 그러나 니체의 사상은 '허무주의' 그것이 아니라 이 세상 일체의 이상이 '환상(幻想)'이기에, '이러한 니힐리즘을 어떻게 극복하느냐'가 사실은 니체의 초인 사상의 주제였다.

니체는 역설적으로 이 세상을 부정하는 것이 아니라, 이 세상을 철저하게 긍정하는 데 목표가 있었다.

"종교는 약자들이 만든 환상이다."

이것이 그의 지론이었다.

니체가 가장 격렬하게 비난한 것은 그리스도교였다. 그리스도교는 "가난한 자에게 복이 있다"·"부자가 천국에 가는 것은 낙타가 바늘구멍을 통과하기보다 어렵다"·"이 세상은 옮은 널빤지 속을 밟고 삶을 산다"·"그리스도교를 신봉하는 자는 사후에 천당에 간다"고 했다.

니체는 “이 모든 말은 거짓”이라고 단정했다. 그리고 “이것은 약자가 현실을 받아들이지 않고 거기에 빌붙어 말하는 것이 그리스도교다”라고도 했다. “권력이나 돈은 허망한 것”·“천국과는 거리가 먼 것”이라는 말은 약자가 강자를 뛰어넘기 위해 한 말이라는 것이다.

“신은 죽었다”·“신은 없다”·“그리스도교의 신만이 아니라 모든 종교의 신은 죽었다”. 이는 니체의 말이다.

그리스도교에서는 인간 세상의 도덕과 관련해 다음과 같은 요지의 주장을 펼쳐왔다.

“재력이나 권력보다는 영혼의 아름다움이 더 중요하다. 다른 사람을 나처럼 사랑하고 다른 어려운 사람을 위해 힘써나가는 것, 이것이 사람의 참길”이라고 강조했다.

그러나 니체는 “도덕이란 약자의 자기방어에 불과하다”·“욕망이나 쾌락을 부정하고 약자들이 서로 위안하며 사후의 천국이라는 환상을 내세우고, 선행을 사후의 천국이라는 사탕발림으로 권장하는 것”이라고 하면서, 이를 “노예의 도덕”이라고 혹평했다.

‘니힐리즘!’

니체는 그리스도교만을 부정한 것이 아니라 근대를 지배한 ‘이성’ 자체를 공격했다. ‘객관적인 진리’는 존재하지 않는다. 있다면 그것은 ‘해석’일 뿐이다.

“이 세상에는 유일의 진리란 없다.” 이것이 그의 지론이었다.

“이 세상에 믿을 수 있는 것은 아무것도 없다.” 이 말은 ‘허무주의’의 극치다. 그러나 니체가 이 말을 한 까닭은 “이러한 허무주의를 극복하기 위해 이 세상, 인간은 존재한다"는 말을 하기 위해서였다. 이것은 사실 '역설적인 주장'인 셈이다.

'이 세상 사람이 바라고 찾는 진리, 삶의 벗이나 법리, 사람의 도리·도덕은 사람이 삶의 참다운 뜻을 찾기 위해 만든 것이다.' 이 점이 중요하다.

사람은 되는 대로 살지 않는다. 사람은 '사람이 무엇인가'를 생각하고, 사람은 삶을 살되 그 참다운 삶의 뜻이 무엇인지 생각한다. 개념을 추구하고 가치를 추구한다.

사람은 살기 위해 보람을 생각하고, 가치를 생각한다. 니체는 사실 이 점을 바탕에 깔고, 인간 생의 원동력으로 '힘에의 의지'를 역설했던 것이다.

이 세상 사람은 누구나 '자기'·'나'라고 하는 존재의 의의를 생각하고, 세상을 살아가는 뜻 곧 의지를 긍정한다. 따라서 니힐리즘 속에 경도되어 함몰하는 것이 아니라, 그 허무관 속에서 탈각하는 것이다. 이것이 중요하다.

니체의 허무성을 그리스도교는 절대적인 신의 존재를 중심으로 타개해 나갔다. '플라토니즘'의 '이데아'적 세계를 확립한 것이다.

'초감성적인 진실성의 세계.'

이것은 니체가 말한 배후(背後) 세계로 돌아가는 것이다. 이러한 사상은 철인 포이에르바하의 종교 비판 속에도 잘 나타나 있다. 절대적 존재로서의 신은 사실 절대의 허무 속에 출현한 것이다. 지난 2000년간의 서양문화·이념·정신은 근대로 들어오면서 일종의 부정과 탈출의 의미를 담게 되었다. 그런데 그 속에 다시 '영겁회귀(永劫回歸)'라는 돌파구가 생긴 것이다.

니체의 입장은 어느 의미에서 어디까지나 '사(死)'만의 입장이 아니라 '생(生)'과 '생성(生成)', '새로운 창조'의 입장에 선 것이다. 그가 그리스도교를 배척한 것은 '생성의 세계'·'가상의 세계'·'공(空) 속의 세계'에서 부동의 초월적·'이데아'적 '존재의 운명화·필연화'를 갖게 된 것이다. 니체의 부정 정신의 의지는 철저할수록 종교적인 새로운 구도(求道)의 영역을 넓힌 것이다.

허망(虛妄)과 부정(否定)은 '새로운 운명적 사람'으로서 새 영혼의 영겁회귀로의 지양이 이루어진 것이다. 절대적 부정은 절대적 긍정으로의 회귀가 재현·생성된다.

이와 연관하여 허무주의와 '퇴폐(頹廢)' 문제도 함께 생각해 볼 수 있다. 흔히 '퇴폐적'이라 했을 때는 '사회에의 질서나 규범을 무시하는 행위'·'윤리적 힘의 상실'·'자기통제의 방기(放棄)'로 생각할 수 있다.

흔히 보들레르(C. Baudelaire)를 '데카당스(décadence)'의 전형으로 생각한다. 데카당스란 일종의 '아이러니(irony)', 즉 반어(反語)다. 혹 이 반어 속에서는 보통의 시민적 생활 규범에 대한 낭만주의적 입장도 생각할 수 있으나, 종교적 입장에서는 차원이 다르다.

보들레르는 인생의 출발점에서 허무의 심연에 떨어져 헤맸다. 선(善)이나 악(惡)에 대한 반발로서의 반어에 사로잡힌 것으로 볼 수도 있고, 원죄(原罪) 속 방황으로 생각할 수 있으며, 또한 신에의 반역 속에서 절망에 빠졌을 수도 있다. 사실 모든 인간은 끊임없는 소망 속에서 한편으로는 신을 향하고, 다른 한편으로는 악마를 향한다.

보들레르의 「악의 꽃」은 신과 악마에 대해 한편으로 저주하면서 긍정하고, 기도하면서 반역한다고 볼 수 있다. 따라서 본래 의미의 퇴폐, 즉 '데카당스'는 '악에서의 일탈을 스스로 염원하는 내재적 심연이 있다'라고 본다. 패덕(悖德)적·악마적이며, 동시에 윤리적·종교적인 것이다.

이들은 자기 자신 속 악의 심연에서 소생하려는 의지, 허무를 허무로 보는 동시에 종교적 실존을 포개는 것, 원죄의 폐수 속에서 도리어 맑은 물을 생각하는 것. 이러한 반어적 구제, 역(逆) 속에서의 미(美)를 생각할 수 있지 않을까 고심한다.

헤겔(Hegel)에 대립해 절망을 생각한 것이 덴마크의 철인 키에르케고르다. 그는 헤겔의 절대정신(絕對情神), 역사 진보의 계단으로서의 변증법(辨證法)인 정립(定立)·반정립(反定立)·종합(總合)의 과정을 정면으로 부정했다. "인간 개개의 생체 속에는 근원적으로 불안·절망이 있다"라고 했다. 헤겔에 반발한 키에르케고르는 "개개의 인간은 여러 가지 좌절·갈등을 수반하며, 그 절망은 죽음에 이르는 병"이라 했다. 그리고 사람은 끊임없이 '에로스(Eros)'적 삶의 허망과 불안 속을 헤매는 존재라고도 했다. 그리하여 도덕적으로 살아가는 윤리적 실존을 제창했으며, 인간의 유한의 벽을 뛰어넘기 위해 종교적 실존을 제창했다. '인간의 본래적 자기는 유한한 존재'이며, 인간은 절대자 신과의 관계 속에서 비로소 '참의 인생'을 살게 된다고 했다.

키에르케고르는 사람에게 '자력 구제의 주체성과 이성'이 있다고 하면서, 이것이 죄가 된다고 했다. 자기를 구제하는 것은 자기가 아니라 신이라 했다. 이 인식에 도달해야만 사람은 '종교적 실존'에 도달한다. 이 경지에 들어서면 이미 사람은 '이성'이나 '윤리성'을 초월해 절대적인 그리스도교의 신에게 복종한다고 했다.

같은 헤겔주의자이면서도 좌파로 불린 포이에르바하는 그리스도교는 '인간이 만들어놓은 환상'이라고 했다. 그는 종교에서 강조하는 '사랑'이나 '정의'는 본시 인간의 내부에 내재하는 가치라 했다. 포이에르바하는 신이나 이성 등을 제일 앞에 상정하고, 이로부터 세계를 설명하려는 철학에 의문을 품었다. 그는 그리스도교란 인간이 만든 환상·신화에 불과하며 신의 사랑·선함·지혜 등은 본시 인간 속에 '바람'·'이상'으로 내재하는 가치라고 말했다.

신을 알려면 인간학을 탐구해야 한다. 이것이 그의 지론이었다. "신은 사랑이다"라고 말하는 그리스도교를 포이에르바하는 "사랑이란 인간의 본질(本質) 중 하나"라고 역설했다.

19세기에 들어 마르크스(K. Marx)도 신을 부정했다. 그는 유물론(唯物論)에 입각해 세계는 '변증법(辨證法)적 발전'을 한다고 설명하여 헤겔을 변증법적으로 계승했는데 "사람의 의식은 사회에 의해 규정"됨을 제창해 신을 부정하고 유물사관 속에 인간의 계급투쟁을 제기했다.

이렇게 근대철학의 한 단면을 보면 신의 존재론에 대한 주장이 엇갈렸다. 그러나 현대로 들어오면서 철학은 신보다는 인간 문제와 사회 문제에 관심이 집중되었다.

___ 사람은 사람 이상을 뛰어넘지 못한다.

사람은 무엇인가?

사람이 쌓은 문화란 무엇인가?

사람은 자기 자신이 만드는 것 이외의 것은 없다.

이것이 사르트르(J.P. Sartre)의 주장이다. "자유 속에서 도피해서는 안 된다". 이것이 그의 '앙가주망(engagement)'이다.

메를로퐁티(M. Merleau-Ponty)는 지각의 본질을 객관 속에서 설명했다. 그는 "언어는 사고의 신체"라고 하면서 '언어는 신체'라는 말을 강조했다.

이렇게 인류의 철학은 현대로 들어와 비교적 신이나 신앙 문제와의 직접적인 관련을 멀리하고 현대문명과 현대 인간의 특성, 실존성을 조탁(彫琢)했다. 사람은 어찌하여 신을 생각하는가 등의 중세 철학에서 벗어나 사람 자체는 무엇인가의 문제를 사회의식이나 과학문명, 그리고 자유와 정의, 평등 문제, 인간 존재의 특성 등을 중심으로 인간 자체의 문제, 사회 문제, 그리고 기계론적 목적관 등 자연관을 주로 탐색·구명했다. 특히 르네상스(Renaissance) 속에서 자유란 무엇인가에 쏟았던 관심이 인류의 정의, 평등, 사회와 개인의 문제로 옮겨왔다. 그러나 제1·2차 세계대전을 거치면서 인류의 영원한 평화를 기원하고 안정을 열망하면서 인간의 신에 대한 갈망은 커져 종교의 부활을 새로운 면에서 갈망하게 되었으며, 민족마다 국가마다 고유의 종교, 세계화 속의 종교를 반사적으로 열망하게 되었다.

사람살이는 철학의 구제로만 되는 것은 아니다.

철학이 무엇인가?

철학은 사변적으로 인생이 무엇임을 증명을 할 수도 있다. 그러나 사람 자체를 바꾸지도 못하고 끝까지 규명하기도 어렵다.

인류 철학은 인류의 삶 속에는 신이 존재할 수밖에 없다는 인간 자체에 대해 내재적으로 규명했고, 신과는 하나 될 수밖에 없다는 인간의 입장을 옹호하기도 했다.

철학이 곧 종교는 아니다. 철학은 종교가 설 수밖에 없는 인간을 규명했을 뿐이다. 그러나 사실 이것이 중요하다. 과거 모든 철학자들은 진지하게 이 문제를 생각해 왔다.

우주는 영원하다. 우주는 이 세상의 질서와 섭리자이고, 그 주재자다. 그리고 창조자다. 사람은 지적으로 이 체계 속에 신을 함께 생각했다.

사람은 무엇이고, 삶이 무엇인가? 이 세상은 무엇인가?

사람은 우주 속의 피조물이다. 사람은 한없이 약하다. 삶을 바라다 보고 죽음을 바라다 볼 뿐 소망을 이루는 것에는 한계가 있다. 그리하여 사람은 신을 생각했다. 이 관점을 철학은 증명했다.

철인·선도자·예언자·사상가·신학자 등은 인간이 단순히 '민족 사회'에서만 사는 존재가 아니라 '인류 보편적 세계'의 성원으로 생각했으며, 인류가 자신들과 자연계인 외적 우주와의 관계에 새로운 관심을 불러일으키도록 했다. 그리고 인간은 인간 자신의 내면에도 우주가 있다는 것을 자각했고, 그 내면적·정신적 우주 속에 있는 '자신의 위치'에 대해 눈을 뜨게 되었다. 아니 도리어 그 '내면세계의 정신적 우주' 속에서 '나' 자신의 위상 문제에 대한 관심이 커진 것이다.

3부

# 神과 하나 된다

달!
그리고 그 빛!

달은 마음 속 고절(孤絶)을 지켜
서녘으로 가나

빛이 외로운 먼 궤도 …
절절히 스며오는
공허(空虛)의 입김

구만 리
멀다 해도 사무침은
찰나 같은 것

빛 속에 '나' 있고
'나' 속에 하늘은 도는 것

있는 하늘
없는 얼굴

달!
해 속에 밤은 하나 되고
달 속에 해는 낮이 되는 것!

# 1. 神과 경전

가는 울림을 해에 잇는
작은 심지
타오르는 그늘에
소리를 되말아
빛을 채운다.

마디 속 되돌아오는
혀끝에
부름을 실어

먼 우주 구름 끝
시간의 외딴 봉우리

줄줄
태를 사르며
건너가고 되돌아오는
울림의 혼 줄들

울의 먼 구름 끝에
이름을 살아
너 속에
나 휘장을 연다.

사람은 신을 어떻게 만나는가?

사람은 신을 언어(言語, 말씀)로 만난다. 종교에서 언어는 신과 함께, 반영하는 절대적인 힘이 있다.

『구약성서』「창세기」 모두에는 "신이 말했다. '빛이 있으라.' 그리하여 빛이 있었다"라고 기록되어 있다. 종교에서 '말씀은 곧 법(法)이며, 도(道)이다.' '말씀'이 있어서 신이 있다는 말도 한다.

신은 '말씀'으로 사람 속에 나타나고, '말씀'으로 사람을 대한다. 신은 행동이 아니라 '말씀'으로 보여주고 이끈다. '말씀'으로 구원하고, '말씀'으로 구제한다.

불교의 정토종(淨土宗)에서는 인간의 언어는 공(空)이며, 자기주장을 버리고 무아(無我)의 마음, 무심(無心)에서 나오는 소리 그것이 진언(眞言)이라고도 했다.

신의 말씀은 진리가 되고, 경전이 되었다.

말에는 개념(槪念)이 있다.

불교에서는 불교 경전의 개념어를 해독해 가는 과정에서 개념을 초월한 불법의 진리를 체득함으로써 '붓다'가 된다고 했다. 그리고 한발 더 나아가 언어의 유효성을 초월해 언어의 공(空) 개념인 '불(佛)의 침묵(沈默)', 대승불교 공(空)의 철인 '용수(龍樹)'의 『중론(中論)』을 통해 형이상학의 경지에 이르기도 한다. 이 경지는 언어지만, 언어를 초월하는 경지다. 그리하여 '불심종(佛心宗)의 불립문자(不立文字)'·'직지인심(直指人心)'의 입장에 서기도 한다. 이것은 '선(禪)'불교에서도 같은 입장이다.

"모든 종교는 언어 진리의 통로다. 그러나 소리를 꼭 통해야만 하는 것은 아니다. 달[月] 그것을 직지(直指)하면 된다"·"언어의 장벽을 돌파하는 경지에 이르러야 불심이다".

이렇게 '불립문자'의 경지를 놓고, 신앙 속의 언어를 말하기도 한다.

'신앙 속의 언어.' 이 문제는 이견이 많다. 신을 만나는 것은 꼭 '언어의 다리'이기도 한데, 그 언어는 어떤 언어라야 하는가?

신과의 대화는 함축성·감동성이 있어야 한다. 초월성이 있어야 한다. 언어에는 함축성이 있는 세계가 있다. '언어' 이전의 '언어'란 이를 두고 하는 말이다. '신이 있다'는 것은 '신의 언어, 말씀이 있다'는 뜻이기도 하다.

철학자 '로크'는 "언어란 기호 내지 도구"라고 했다. '언어란 인간의 정보 전달 도구다.' 이것은 실용어(實用語)을 두고 하는 말이다. 사람이 산다는 것은 언어가 살아 있다는 뜻이 된다.

언어는 '개념'이요, '로고스(logos)'다. 헤겔은 "사상이 언어에 속박되어 있는 것은 사상의 결함이다"라고 하면서 '참사상'이 있듯이 '참언어'도 있다고 했다.

개념어보다 한층 깊은 것이 '심적(心的) 언어'이다.

언어란 어찌 됐든 인간 내심의 표현이다. 마음은 고정된 소리 개념으로 다 표현할 수는 없다. 따라서 시적 표현은 추상 세계가 아니라 포괄적이며 실용의 한계를 넘은 은유의 세계다. 신의 언어는 시적 표현이라야 깊은 뜻을 모든 사람에게 골고루 전할 수가 있다.

시(詩)는 사람의 마음에 감동을 준다. 시는 설렘을 준다. 신의 말씀, 언어는 사람의 가슴에 감동을 심어주어야 한다. 철학자 하이데거는 "시적 언어라야 순수하게 전할 수 있다"라고 했다.

오늘날 모든 경전의 글을 살펴보면 시적 표현이 많다. 신은 말씀으로 존재한다. 경전이 없으면 신은 없다. 그러나 그 신은 사람의 언어 속에 모습을 갖추고 함께한다. 사람은 신의 언어를 모른다. 따라서 사람은 신을 만나기 위해 언어의 폭을 넓혀 여러 가지 방법을 찾는다.

신앙 속에는 본질적으로 '동치(同置)'의 뜻이 있다. 우주와 나를 동치하고, 신 속에 나의 영혼을 함께 두는 것이다. 동치! 함께 나란히 하는 것! 신앙 속에는 유감(類感)의 원리가 작용한다. 감염(感染)의 원리도 있다. 접융(接融)의 뜻도 있다.

사람은 따라하고 싶고 '그 속에 하나'라는 염원을 갖고 싶어한다. 사람은 우주처럼 '영원'하고 싶고, 해처럼 '밝고 싶고', '참되고' 싶어한다. '별처럼 빛나고 싶다'·'불처럼 반짝이며 밝고 싶다' 등. 이 속에는 '동치'·'함께'라는 원시 심성이 작용한다. 프레이저(J. Frazer)는 인간 내부에는 '주술적 사유'가 있다고 했다. 그리고 이 사유가 신앙을 낳고, 종교를 낳는다고도 했다. 사유의 세계! 이것도 사실은 소리를 내지 않는 언어를 바탕으로 하는 것이다.

사람은 소망의 동물이다. 사람은 영혼으로 죽음을 뛰어넘고 싶어한다. 이 바탕은 과학의 힘, 표면의 힘만으로는 안 된다. 사람은 주지(主知)가 있고, 언어가 있다. 사람은 일체 생명체의 신비를 바라본다. 그곳에는 원리가 있고 법칙이 있음을 안다. 그것들도 보이지 않는 언어를 토대로, 언어로 판단한다. 그리하여 인간은 신의 존재를 생각한다. 언어를 통해 신의 말씀을 섬긴다. 인간의 언어 속에는 염력·언령(言靈)이 있다고도 생각한다.

신은 사람에게 '말씀'·'교시'·'계시'로 나타난다. 이 세상 모든 종교의 신의 말씀·계시·지침은 그 종교 속 경전·성서 속에 담겨 있다.

'신'은 '말씀'이다.

그런데 이 세상 종교의 경전은 어느 경전을 막론하고, 같은 때에 한꺼번에 만들어지지는 않았다. 선지자나 예언자 또는 명상가가 신앙 속에서 신의 계시를 받고 그 자리에서 녹음하고 받아쓴 것은 아니다. 계시를 받고 그 사도에 의해 전해진 바를 선지자·고제(高弟) 들이 적고, 이를 다시 고증하고 체계를 세운 것이다. 그리고 그 원본은 거듭 시대의 흐름, 문명의 영향 속에서 다시 다듬어져 온 것이다. 신의 언어는 신도나 선지자의 명상 속에서 바뀌고 다듬어지고 다시 결집되어 온 것이다.

힌두교의 성전 『베다』는 기원전 1500년경부터 기원전 500년 사이에 신비 사상의 철학이자 신앙의 바탕으로 만들어졌다.

『구약성서』의 '모세오경'이나 '역사'·'시간'·'예언서' 등은 기원전 1400년경부터 400년경 사이에 '히브리어'로 기록되었고 『신약성서』는 모두가 1세기경에 기록되었으며, 오늘의 형태로 정경화(正經化)한 것은 397년 카르타고 종교회의에서였다.

이 세상 종교 중 가장 많은 경전을 남긴 불교는 '붓다' 입멸 후 기원전 383년에 제1회 결집(結集)을 했고, '붓다' 입멸 100년 후에 제2회, '아소카(Ashoka)' 왕 시대에 제3회, 기원후 2세기에 제4회 결집을 했다. '붓다'의 가르침을 직접 문자화한 것은 기원전 1세기다. 특히 불교가 대승불교화하고 그 경전이 만들어진 것은 기원전후 1~2세기다. 이때 『반야경(般若經)』·『법화경(法華經)』·『화엄경(華嚴經)』·『무량수경(無量壽經)』 등이 쓰였고, 기원후 2~3세기에 용수(龍樹)의 『중론(中論)』에서 '공(空) 사상'으로 체계화되었다. 그리고 '중관파(中觀派)'·'요가행파(瑜伽行派)'가 대두된 것은 5세기 후로 기원후 7세기이며, 이때 '밀교(密敎)'가 생겼다.

이슬람의 『코란』 경전은 '무함마드(Muhammad)'가 기원후 610년 천사 가브리엘(Gabriel)을 통해 계시를 받아 630년 종교화된 뒤 초대 칼리프(caliph) 때 제1회 결집을 했고, 3대 때 제2회 결집을 했으며, 그 후 『코란』은 우스만(Uthman)본 전 114장으로 체계를 갖추었고, 읽는 방법이 통일된 것은 10세기다.

그리고 유교나 도교의 경전은 기원전 5세기에 공자(孔子)와 제자들의 대화를 기록한 『논어』를 비롯해 그 이전 시대에 쓰인 『서경(書經)』·『시경(詩經)』·『춘추(春秋)』·『예기(禮記)』·『주역(周易)』 등이 있고, 노자(老子)는 기원전 4세기(?)에 『도덕경(道德經)』을 남겼다.

이렇듯 각 종교의 경전은 수세기를 거치면서 적어도 몇 차례씩 다듬어졌다. 경전의 원본은 각 민족의 언어로 번역되었으며, 각각의 언어의 실용성과 함축성에 맞게 고치고 다듬는 과정에서 그 시대와 민족의 차이와 상념으로 인해 많은 문제를 낳기도 했다. 경전의 결집과 번역 과정에서 '원본'과 '번역본'의 차이가 있었고, 어느 것을 원본으로 했느냐의 문제나 진본(眞本)·위본(僞本)의 문제도 있었다.

단적으로 그리스도교의 『성서』만 해도 4세기에 만들어진 『성서』 사본 '코덱스 시나이티쿠스(Codex Sinaiticus)'의 새로운 부분이 훗날 이집트의 한 수도원에서 발견되었고, 1975년 시나이(Sinai) 산의 '카타리나 수도원(St. Catherine's monastery)'에서 다시 나타났다. 이 원고는 4세기 로마의 '콘스탄티누스(Constantinus)' 황제 때 필사된 것이다. 지금은 『성서』 정본 중 하나로 손꼽힌다. 『성서』 사본 발견 중 대표적인 사례가 1947년 사해(死海) 주변 '쿰란(Qumran)' 동굴에서 발견된 '사해사본'이다. '쿰란 사본'이라고도 불리는 약 900편의 문헌은 기원전 250년에서 기원후 68년 사이에 작성된 것이다. 1945년에는 이집트 중부 지역에서 '파피루스(papyrus)' 묶음이 나온 적이 있다. '나그함마디(Nag Hammadi) 문서'로 알려진 이 묶음에는 『도마복음(Gospel of Thomas)』 등 위경(僞經)으로 분류되는 자료가 상당수 포함되어 있다.

『불경』이나 『코란』 같은 경전과는 달리 기독교의 『성서』는 지금도 계속 고대의 사본과 이본이 발견되고 있다는 소식이 종교계에 전해진다. 이러한 문제는 무엇보다 『성서』의 성립 기간이 길었다는 것을 반증한다. 문제는 성서의 원본이 현재 없다는 것이다. 따라서 장구한 세월 동안 많은 종류의 필사본만 존재해 왔고, 필사본은 필사 과정에서의 착오 때문에 조금씩 내용이 달라졌다. 필자의 의도에 따라 고쳐지는 경우도 있었다. 한 예로 『마르코복음(The Gospel According to Mark)』 13장 32절 "그날과 그때는 아무도 모르나니 천사들도 아들도 모르고 아버지만 아시느니라"라는 '예수'의 말에서 당혹감을 느낀 일부 필사자들은 '아들도 모르고'라는 부분을 삭제했다고 전해지기도 한다.

『신약성서』의 경우 '헬라어' 사본만도 5,000여 개에 이르지만, 완전히 일치하는 사본은 거의 없다고 말한다. 여기에 수많은 '외경(外經)'과 '위경(僞經)'까지 더해 더욱 복잡해졌다. 기독교 성립 초기에는 이 자료가 '정경'과 뚜렷이 구별되지 않았다.

그러나 불교 경전의 경우는 이설의 등장 자체가 어려웠다. '붓다' 사후 불경을 확립하기 위해 네 차례의 회의가 열렸다. '붓다'가 열반에 든 직후 '왕사성(王舍城)' 밖 칠엽굴에서 가섭(迦葉) 존자의 주재로 제자들이 모여 이들의 합송(合誦)을 통해 붓다의 가르침을 정리하고 확인했는데, 이를 제1 결집이라 한다. 그때 제자들은 '여시아문(如是我聞: 나는 이와 같이 들었노라)'이라는 말로 시작해 『불경』을 이루었으며, '아소카왕' 때 1,000여 명의 승려가 모여 제3 결집을 했고, 이때 '경(經)'·'율(律)'·'논(論)'의 삼장(三藏)이 결집되었다.

이슬람교의 『코란』은 무함마드가 받은 '알라'신의 계시를 집대성해 114장으로 편집했다. 『코란』은 기독교에 비하면 경전이 성립된 시간이 짧다. 『코란』은 오늘날 정본 이외에 다른 나라에서 펴내는 경전은 '경전'으로 보지 않고, '해설서'로 본다.

이렇게 이 세상 주요 종교의 신의 말씀은 당시 사람들이 만들었고 오랫동안 다듬은 것이다.

절대적이고 성스러운 존재 신은 언어 속에 존재한다. 그 언어가 경전이요, 성전(聖典)이다. 신은 경전 속에 들어 있다. 신앙자는 경전을 추앙하는 것이다. 성전·성서나 경전은 '말씀'이다. 그러기에 '말씀'을 도(道)라고 하는 것이다.

어느 종교를 막론하고 종교의 교리나 절대자의 모습은 성전에 담겨 있다. 경전을 '언어'라는 입장에서 보면 언어는 그 민족의 역사적 정신문화의 환경에 따라 다르기 때문에, 한 성전을 다른 나라에 전도해 그

나라 말로 번역했을 때는 내용이나 개념 등에서 약간의 혼선이나 차이를 가져올 수 있다.

'신'에 대해서도 그렇다. 유대교나 그리스도교 등의 성서도 최초에 어느 나라 말로 이루어졌느냐도 중요하지만, 다른 나라 말로 번역·전도할 때는 개념에서 약간의 혼선이 빚어진다.

오늘날 『성서』도 그리스어·히브리어·라틴어나 영어 등에 따라 약간의 문제가 있으며, 유럽의 『성서』 속 표현인 '신(神)'도 동방에 와서 '하느님'이 되고, 인도인들에게는 '하늘'이라는 개념보다는 '우주'로 표현되는 등 개념의 차이가 생긴다.

유교에서는 하늘의 뜻이나 길을 '도(道)'라고 표현하지만, 인도의 힌두교 등 종교에서는 '달마(達磨)'로 표현한다. 언어의 개념상 도(道)나 법(法) 등은 똑같은 개념은 아니지만, 그 언어의 외연(外延)과 내포(內包)의 차이를 신앙에서는 초월하는 것이다.

동방의 나라에서는 하늘의 뜻을 두드리는 수행자를 구도자(求道者)라고 하는데, 인도의 종교[힌두교·불교 등]에서는 구법자(求法者)라고 한다. 산스크리트어로 달마는 법칙·법규·규범·윤리·도(道)·질서 등 여러 뜻이 있는데, 동방의 수도자들은 이를 '법(法)'으로 주로 표현했다.

서양의 그리스도교도들이 '가드(God)'라 표현한 신을 동양에서 번역한 성전에서는'하느님'으로 표기해 동양의 '하느님'과 서양의 '신'이 하나가 되었고, 인도 계통의 종교에서 많이 사용하는 우주의 달마도 '하늘의 도'·'신의 진리' 등을 뜻하는 말로 같은 의미로 사용된다.

여기에서 문제가 되는 것은 만일 이 세상의 종교를 그 종교가 담고 있는 성서나 경전 등의 표현에 너무 집착해 그 차이를 고집한다면, 종교는 서로 갈등과 반목·이단의 싸움 속을 헤쳐갈 수가 없다. 성서란 '신의 말씀의 서'이며, '하느님의 말씀의 서'다. 또한 '우주 말씀의 서'인 것이다.

'신'이나 '하늘'·'우주'의 언어 차이나 표현 차이를 가지고 다른 신이라고 서로 힐난하거나 이단시하는 것은 무의미하다.

'하늘'이나 '우주' 또는 '신'은 모두 인간 신앙의 대상이다. 하나의 절대적 존재, 영원한 존재, 이승과 저승 나아가서 밝음과 어둠을 심판하는 존재다.

신앙인이 반드시 지켜야 하고 신앙이 서야 할 자리는 경전 내용이나 경전 속의 가르침, 경전 속에 출현한 절대자[신]와 인간인 사도의 만남, 계시 방법 등을 나누는 것이지, 서로의 장단점이나 차이점을 가지고 말해서는 안 된다. 성전의 구성·출현 방법, 문장 유형, 표현의 차이를 가지고 말해서도 안 된다.

어떤 경전은 절대자가 군림해 사람에게 명령하듯이 엄숙한 분위기를 유지하기도 하고, 어떤 경전은 인간이 신을 찬양하는 서사시 등의 형식을 취한 것도 있다. 그렇다고 해서 그 성전은 "무엇이 어떻다"라고 차이를 말할 필요는 없다. 특히 '야훼'나 '그리스도'·'알라'라는 신의 이름을 서로 비교하면서, 다른 쪽은 신이 아니라고 해설할 필요는 없다.

'도(道)' 중에서도 유교의 도와 도교의 도는 똑같지 않다. 그렇다고 이를 하나의 잣대로 다른 가르침을 탓하거나 잴 필요는 없다. '시바신'과 '비슈누신'을 각각 다른 차원에서 섬기는 것은 좋으나, 한쪽이 다른 쪽을 비난해서는 안 된다.

종교는 종교의 원전인 '신의 말씀'으로 언제나 돌아가야 한다. 경전은 신의 계시와 교시, 인간 삶의 지침이다. 경전은 갈라지지 않는다. 그러나 언어는 그 어휘나 용어의 선택, 표현의 수식 구조에 따라 상당한 어감의 차이를 보이기도 한다. 그리하여 후세인들은 해석을 달리하기도 한다. 따라서 이러한 경전의 해석은 시대에 따라 다듬어가야 한다. 경전은 사람이 만들었다. 신도 사람이 부른 것이다. 따라서 애매한 표현은 시대에 맞게 다시 결집되어야 한다.

# 2. 神과 명상

빛 있으라.
우주광명이시어!
어둠의 하늘에
출렁이는 아득한 빛 그림

줄 이어 바늘처럼 가늘어진
바람의 울림
떠는 씨줄을 꿰어
해에 싣는다.

한 가닥
한 줄
조여든 날줄 속에
졸아드는 매듭

채움이 무엇이고
비움이 무엇인가

저 먼
색의 우주

소리가 구름을 적시며
해에 감긴다

빛 있으라!
시간은 가는 것인가!
그리고 오는 것인가!

물 한 방울!
하늘에서 떨어지는 한 방울 물!
나의 외로움을 적시는 한 방울 물!

## 1) 마음을 모은다['요가']

신앙 종교, 신(神)·빛과 하나 되는 길, 그 길이 무엇인가.

신앙은 의례 제식(祭式) 등 형식이 중요하지 않다. 영혼의 합일이 중요하다. 신! 빛 속에 마음을 모으는 것이다. 이것이 명상이다. 명상은 신앙의 바탕이다. 인류는 아득한 고대부터 명상을 통해 절대적·창조적 존재와 하나가 되었다. 명상의 가장 원초적인 것을 인도 고대 종교의 '요가' 그리고 '선(禪)' 수행을 든다. 따라서 이 장에서는 요가·선의 명상법을 집중적으로 살펴보고자 한다.

사람들은 황홀·법열에 젖는 동안 일체감이 이루어진다. 명상은 황홀 속에서의 동치를 존중한다. 그 대표적인 것이 '요가'다. '요가'는 힌두교 등 인도 종교에서만 쓰는 말이 아니다. 요가는 다른 종교에서도 많이 쓰는 말이다.

'요가'의 정의는 '일체의 집착을 떠나 정사(靜思)·정려(靜慮) 속에서 움직이지 않고 호흡을 제어(制御)해, 마음을 통일하는 것'이다. 따라서 신과 하나 되는 수행 방법으로 명상·요가를 든다.

'심신(心身)의 통일'·'명상'에 의해 심신의 '영적 통일'을 기하는 것이 '요가'다. '명상'의 바탕에는 마음의 언어가 깔려 있다. 그런데 바로 이 요가의 경지가 신과 함께 대화를 나누고, 신과 함께 있고, 신과 합치하는 경지 즉 신앙의 경지가 된다.

불교에서는 이를 열반(涅槃)·적정(寂靜)의 경지라고 표현한다.

> 자기 마음을 눌러 가라앉혀 두려움에서 벗어나 금욕을 지키며 뜻을 제어하고, '나' 자신에게 되물어 '나'를 찾는 것.

모든 종교에는 수행법(修行法)이 따른다. 이 세상의 많은 '종교'는 여러 가지 의식(儀式)이 있다. 종교에서의 의식은 신앙자와 신을 하나 되게 하는 절차다. 그러나 모든 의식은 마음의 통일, 영혼의 귀일을 궁극적인 목적으로 삼는다. 이런 점에서 수행법으로 가장 오래되고, '감각의 억제'·'마음의 집중'을 원천적으로 추구한 심신수련법이 인도 종교의 '요가스투라(Yoga-sutra)'다.

요가(yoga, 瑜伽)라는 '산스크리트'어는 '맺는다'는 뜻이다. 기원전 2000년 '바라문교' 시대의 '인더스(Indus) 문명' 유물 속에서는 결가부좌(結跏趺坐)를 한 '요가' 행자의 신앙자상(像)이 많이 나왔다. '요가'라는 말은 기원전 6세기부터 5세기 『우파니샤드 경전』 속에서 나온다. '요가스투라'란 신앙자가 계율을 지키며, 특히 호흡을 조절하고 신체적 조정과 통제 속에 신 즉 대우주의 진리인 빛 속에서 의례(儀禮)·수행(修行)을 통해 감관(感官)을 억제하고, 명상·정려(靜慮)하여, '영아일치(靈我一致)'·'우아일여(宇我一如)'를 기하는 것이다.

요가의 궁극적 목적은 '브라만'의 법, 하늘과 신 속에 '나'의 심신(心身)을 제어해 나의 어둠의 욕망·헤맴의 번뇌에서 벗어나 신, 그 빛의 품에 하나가 되고, 그 품에 안기는 것이다. 인도에는 '요가'학파가 생겼고, 수행 방법을 체계화하여 '팔지법(八支法)' 등 요가 수련 행법이 보편화되기도 했다. 금식(禁食), 금계(禁戒), 집지(執持), 감관(感官) 억제, 삼매(三昧) 호흡, 권계(勸戒), 좌법(座法), 정려(精慮) 등은 '요가'의 행법 규범이다. 오늘날 '요가'는 이슬람교·그리스도교·자이나교 등에서도 하고, 특히 힌두교와 불교에서 수행법으로 널리 실시한다. 인도 '요가'에는 나행파(裸行派)·백의파(白衣派) 등의 파도 있다.

요가는 명상의 수행이다. 요가는 호흡과 육체를 집중하는 심신 통일, 정신 집중 수행이다. 요가는 인도 고대문명[기원전 2000년]의 명상 수련문화다. 요가는 신체의 동작을 통한 수행·수련이지만, 그 본뜻은 '정신 집중'에 있다. 따라서 요가는 신앙의 수행, 명상의 영역에서 다루는 것이다. 요가 명상은 선정(禪定, dhyana)과 함께 고대 인도 철학의 수행 신앙에서 중요한 일부분을 차지했다. 특히 선(禪)과 요가는 우주와의 조화를 강조하는 수행이다.

요가는 삼매·명상 등과 함께 우주의 질서인 신의 섭리, 법(法, 달마)이 영혼을 결합하며, 억눌린 심신을 연마해 무아(無我)·해탈(解脫)·청정(淸淨)에 이르는 수행 방법으로, 오랜 전통을 유지해 왔다. 신앙이란 정신 집중의 수행이기도 하다.

요가는 '결합한다'는 의미의 산스크리트어 '유즈(yuj)'에서 시작되었다. '요가'는 자세·호흡·심신을 가다듬어 정신을 집중·통일하고 순화하며 나아가 초자연력을 확보해 마음을 집중시켜, 대우주의 법·생명·질서와의 조화, 신의 진리에의 합일을 궁극의 목표로 삼는다.

요가는 인도 고대 아리안족, 그리고 인더스문명 때부터 수행 방법으로 적용·계승되어 왔다. 따라서 그 역사는 6000~7000년 전으로 소급하며, 5000년 전의 것으로 추정되는 시바 신상(神像)에서 요가의 기본자세인 결가부좌상을 볼 수 있다. 또한 기원전 1000년 전후에 이미 요가의 경전이 나왔을 정도다.

요가의 수행인 선정(禪定)·삼매(三昧)·바라밀다(波羅密多) 수행은 고도의 결심, 꾸준한 정진으로 참과 빛을 두드리고 찾으면서 자기의 몸과 마음을 닦아가는 것으로, 이는 수행 없이는 이룰 수가 없다. 따라서 이런 수행을 달성한 성자들도 한결같이 그 득도의 경지나 수준은 같지 않으며, 자연히 수행 방법 등에도 행법이나 철학의 차이가 생겨 여러 계파가 생겨난 것이다.

인도에서 역사적으로 오랫동안 성행되어 온 '요가'의 주요 유파는 『베다』를 중심으로 하는 '미맘사(Mimamsa)학파'[聲論派라고도 한다]·'베단타(Vedanta)학파'와 논리적 특징을 중시하는 '냐야(Nyaya)파'·'바이세시카(Vaisesika)학파'·'우파니샤드(Upanisad)학파' 등이 있다. 이 중에서도 '냐야'는 '요가'의 논리를 중시하고, '베단타파'는 논리보다는 행위를 중시한다.

그 행위나 기능 면에서 요가의 파를 다음과 같이 분류하기도 한다.

- 바크티 요가(Bhakti yoga): 감정 순화에 의한 헌신의 요가
- 즈나나 요가(Jnana yoga): 이성 계발에 의한 지식의 요가
- 라자 요가(Raja yoga): 심리적 통제에 의한 심신과학의 요가
- 카르마 요가(Karma Yoga): 사회활동에 대한 행동 규제의 요가
- 탄트라 요가(Tantra yoga): 육체의 통제에 의한 육신해방의 요가
- 하타 요가(Hatha yoga): 음양조화에 의한 심신조화의 요가
- 쿤달리니 요가(Kundalini yoga): 신경력을 개발하는 요가
- 만트라 요가(Mantra yoga): 발성통제를 통한 요가

이밖에도 학설이나 행법에 따라 많은 '요가의 파'가 있고, 종교에 따라 다르기도 하다. 요가를 '만트라(mantra, 眞言)'·'하타(hata, 身體的 努力)'·'하야(haya, 無心)'·'라자(raja, 王, 最高)' 등으로 분류하기도 한다.

오늘날 세계에 존재하는 종교 중에는 절대자와 신도 사이에 계시나

계약 관계가 이루어져 신앙자와 절대적 존재[神]와는 '절대적 거리'·'신과 사람은 하나가 될 수 없는 위치'에 있는 종교도 있다. 사람은 신이 될 수 없다. '그리스도교'나 '이슬람교'의 신앙자는 신이 될 수는 없다. 독실한 수행을 통해 두드려도 신은 은총으로 그 품에 귀의하고 안길 뿐이지 신 자체가 될 수 없고, '결합'이라는 말을 하지 않는다. 그러나 '인도'의 종교는 수행을 쌓아 법신(法身)이 되어 절대적 존재와 합일될 수 있음을 교리로 삼는다.

불교에서는 '붓다(Buddha)'를 섬기고 받들어 '디야나'·'사마디'·'유즈' 등의 수행을 통해 '붓다'가 될 수 있으며, '바라문교'의 수행자들은 이들의 수련을 쌓아 '달마'의 법체, 곧 신이 될 수 있다. 수도자는 법신(法身)이 될 수 있다. 우주를 자기 자신에게 결합해 소우주를 자기 속에 이룰 수가 있고, 하늘을 섬기고 받드는 수행을 통해 자기 자신의 마음과 몸속에 하늘을 결합·합일시킬 수가 있다. 신과 한 몸이 되는 것이다.

요가의 수행은 궁극적으로 심신을 집중·통일시켜 마침내는 무아(無我)의 경지에 도달하며 그 무아의 경지는 순화된 경지, 청정한 하늘, 해탈의 우주가 된다. 그 맑은 경지, 그 밝은 경지는 곧 수행자가 추구하는 신의 경지이며, 진리의 경지, 깨달음 즉 보리의 경지다. 그러나 그 절대 무아의 경지는 냉혹한 구도(求道)의 수행(修行)을 거치지 않고는 도달할 수 없다. '붓다'란 본시 '깨달음을 이룬 법신(法神)'을 뜻한다.

한편 요가는 후세에 내려오면서 감성의 순화, 이성 계발 및 지식의 요가, 심리적 통제의 심신과학 요가, 사회활동에 대한 행동 규제 요가, 욕정 억제 요가, 음양조화에 의한 심신 조화, 발성 통제의 요가 등으로까지 발달되었다.

요가는 궁극적으로 대우주의 변화와 조화안정의 법칙에 따라 움직임, 소우주의 심신 변화, 자연의 흐름에 따라 대우주와의 조화, 그리고 생명 현상의 수련 과정과 정신력 계발, 육체의 강화를 추구한다. 대우주란 곧 진리의 신이다.

요가는 금계(禁戒)·권계(勸戒)·좌법(坐法)·조식(調息)·정화(淨化)·제감(制感) 기능과 의념(疑念)·집지(執持)·정신집중·정신통일·무심·명상 기능이 있고, 정견(正見)·정사(正思)·정행(正行)·정각(正覺)의 목적을 추구한다.

요가의 기본 정신은 "모든 대상에서 벗어나[집착에서 벗어나] 무조건적 무대립(無對立)이 되는 경지, 완전 자유의 경지 추구와 대우주의 본성, 깨달음, 나의 찾음, 견성(見性)에 있으며, 소우주의 진아(眞我)가 대자연[大宇宙]과 하나로 통일하는 '신아일치경(神我一致境)'에 이르는 데" 있다.

요가는 한결같이 대우주의 변화와 조화, 그리고 안정의 법칙에 따라 움직이고 있으며, 소우주인 인간 심신의 변화도 이러한 대자연의 흐름에 따르고 그 대자연과 자아(自我) 즉 '나'의 소우주와의 일치·조화를 목표로 한다.

인간의 생명 현상을 심신 모두 대우주 속에 일환으로 조화·통일하여 정신력을 개발·집중하고, 아울러 정신과 육체를 조화 속에서 강화하는 것을 추구하고 있다.

'평형'과 '조화', '통일'과 '집중'은 요가의 목표다. 특히 요가는 육체보다는 정신과 정화·집중·청정을 우선시하여 그것을 육체 속에서 실현하고자 하여, 윤리적이고 도덕적이며 우주와 신의 빛을 하나로 하는 데 초점을 맞춘다.

이러한 요가 수행의 행법과 이론은 많은 학자·성자·신학자에 의해 체계화되고 정리되어 기원후 3~4세기에는 『요가수트라학』이 편찬되고, '삼키아(Samkhya)학파'에 바탕을 둔 학설이 자이나교와 특히 불교에 많은 영향을 주었다.

요가는 마음을 제어하고 긴장·집중 또는 통일하는 수행법이다. 여러 가지 행법으로 '마음에 작용하는 지멸(止滅)의 수련'이라 정의하기도 한다.

요가 수련자는 윤리적·도덕적 관념에 입각해 정신을 집중시켜 진리를 찾고 신의 빛을 두드리는 수행자다. 바로 이것이 신을 두드리는 신앙자의 자세다.

인도의 '요가 수행'의 특성은 정화·억제·조식(調息)·제감(制感) 등 행법을 통해 마음을 한군데 모아 대상과 '나'를 하나로 하며 명상·삼매를 통해 대우주와 진아(眞我, 나)를 합일하는 것이다. 그리하여 마침내 인간의 본성을 찾고, '법과 질서'·'신과 하늘'·'진리의 깨달음'에 도달해 미망의 속박에서 벗어나 진정한 해탈의 경지에 이르는 것이다.

불교의 '해탈'이란 벗어남이요, 무아의 경지다. 그러나 '디야나' 즉 선정, '사마디' 즉 삼매, '유즈' 즉 요가의 수행, 그리고 불교의 '바라밀(波羅密)' 등의 수행 없이는 해탈의 경지에 도달할 수 없다.

'해탈'이란 벗어남이지만, 역설적으로는 집중·통일의 경지다. 우주의 달마[法]에 합일하고 신의 진리에 결합하며, '나' 속에 소우주와 하늘을 결합하는 경지, 그 세계가 무아(無我)요 해탈의 경지이며 『우파니샤드』에서 말하는 신과 조화·통일되는 경지다.

### 2) 참을 찾는다['선']

사람은 선(禪) 수행을 통해 신과 만난다.

많은 종교, 특히 인도 종교에서는 명상 속의 선(禪)을 다음과 같이 말했다.

'선(禪)'이란 명상이다. 선이란 마음을 가다듬고 정신을 통일하는 것이다. 선은 '명(銘)' 즉 마음을 새기는 것이고, '행(行)' 즉 마음의 행실을 닦는 것이며, '선'은 '수(修)'라 했고 신(信)이라 했다. '선'이란 닦음이요 갊이라 했다. '선'은 때[時]를 알고, 있음[有]과 없음[無]의 존재를 초월해 진(眞)과 성(聖), 선(善)과 미(美)를 마음으로 두드리는 것, 닦는 것이라 했다. 그리하여 무아(無我)에 이르는 것을 선이라 했다. 안다는 것, 모른다는 것을 초월하는 경지라 했다. '채움'이 무엇이고 '비움'이 무엇이며, 한(閑)이 무엇이고 적(寂)이 무엇인지를 깨닫는 것이라 했다. '선'은 현실·현세를 외면하는 것이 아니다. 천지·만물·세상을 바로 보는 것이다. '눈'만이 아니라 심안(心眼)·법안(法眼)으로 보는 것이다. 형질을 외형으로 보는 것이 아니라 마음에 비추어보고 마음속에 새겨보며, 영혼 속에 교감하는 것이다. 바로 이것이 진리의 신, 빛을 두드리는 신앙인의 자세다.

선이 무엇인가?

선의 뿌리는 무엇인가?

이 속에는 인생을 긍정하는 '안심입명(安心立命)의 빛'이 있다. 마음의 눈을 통해 대지를 바라보고, 생명을 바라본다. 산천초목을 바라보고, 우주·별·하늘을 바라본다. '관조(觀照)' 속에서 그 영원한 진실, 법칙, 도와 법의 근저가 무엇인지를 생각한다. 바라다보고 '나' 자신을 포갠다. 이것이 명상이다.

'선'이 무엇인가? '선'은 '체험한다'는 말이다. 몸(身)으로 하는 것이 아니라 마음[心]으로 체험한다. 바로 이것이 신과 하나 되는 신앙인의 자세다.

선이 무엇인가?

선은 '기성의 모든 지식·사상을 비운다'는 말이다.

'비우는 것'·'공(空)과 한(閑)'·'탈속(脫俗)·탈이념' 속에 마음을 비우는 것, 그리하여 그 비움 속에 삼매에 이르는 것, '비움으로 마음을 채우는 것'·'채워나가는 것', 그것이 '선'이라 했다. 불교의 대승 사상에서는 선(禪)·좌선(坐禪) 사상을 깊게 다루었다. 인도의 삼론(三論)·유식(唯識) 등을 중국에서는 '화엄(華嚴)'이라 했다. '천태(天台)' 등을 종(宗)으로 세워 우주관(宇宙觀)·세계관(世界觀)·윤리(倫理)의 문제를 집중적으로 다루었다. 이 바탕에는 선(禪) 사상이 짙게 깔려 있다. 그리하여 '선' 사상은 신앙상 문제, 수행상 문제로 크게 부각되기도 했다. 또한 좌선 등의 법·제도 등이 만들어졌다.

선이 무엇인가?

선은 명상의 바탕이다. '선'은 심신의 합일, 수행이라고 한다. '선'은 '깊은 고요'·'큰 한가함' 속에 '나' 자신을 바라보고 깨우는 것이라 했다.

'바라본다[觀]'는 것은 '깨우는 것[自覺]'을 뜻하기도 한다. 행(行)하는 동작이 아니라 깊은 고요 속에 명상하는 것이다. 그리고 자기 자신의 '안심입명'은 물론이고 '인류 전체의 평화', 나아가서 '우주 전체의 섭리, 질서, 법(法)과 도(道)'를 찾고, 그 신의 빛 속에 '나' 자신의 어둠에서 벗어나 그 참 속에, 그 빛 속에 하나 되는 것이다.

선(禪)은 행(行)이라 말한다. 이 '행'은 마음, 정신의 수행이다. '선'은 나 자신을 찾는 것이다. '찾는다는 것'은 '닦음'을 수반한다. '마음을 닦는 것' 그것이 수행이다. '선'은 그 '행(行)'을 함께한다. 마음을 닦으려면 비워야[空] 한다. 벗어나야[脫] 한다. 고요 속[精]에 먼저 자리 잡아야 하고, 한가함[閑] 속에 두어야 한다. 그러나 삶 속에 분주한 인간 생활에서 이 경지에 든다는 것은 쉬운 일이 아니다. 그리하여 선(禪)에는 여러 가지 행(行)의 방법이 있다. 정신집중·지행합일·자기구명이 이루어져야 한다. 그리하여 종교에서는 좌선(坐禪)·지관(止觀)·삼밀(三密)·염송(念誦)·요가(瑜伽) 등을 행(行) 속에 두고 여러 가지 수행을 쌓는다.

선(禪)이 무엇인가? 명상이 무엇인가? 어찌하여 선의 경지를 신앙인의 마음 수행의 경지로 보는 것인가!

선·명상은 거치는 것이 없다. 하늘을 날고, 해 속에 난다.

선·명상은 걸리는 것이 없다. 대우주 속에 진입한다. '마음의 눈' 앞에 일체는 거치거나 걸리는 것이 없다. 신의 세계는 마음의 거침을 일체 풀고, 마음을 비우고, 다가서야 한다.

그리하여 '선'은 '무아(無我)의 도(道)'라고 한다. 그 '무아'를 하는 것이 '행(行)'이다. 법(法)은 걸림이 있는 것이 아니다. '걸림'과 '거침'을 없애고 '허(虛)'와 '공(空)' 속에 두는 것이다. 집중하고 통일하는 것이다. '몸'을 바로 하고 '마음'을 바로 하여 '통일'하는 것, '결합'하는 것이다. '진심(眞心)'·'참' 속에 걸러내고, '도(道)' 속에 하나 되는 것이다. 이것이 행(行)이다.

선(禪)을 참선(參禪)이라고 한다. '요가'와 나란히 생각한다. '참선'이란 마음을 깨치는 것이요, 마음을 걸러내는 것이다. 마음을 만고(萬苦) 속에 거르고 심신을 참 속에 거른다. 마음을 바로 보는 것, 그것이 '직지인심(直指人心)'이다. '마음의 참을 찾는 것' 그것이 '나' 자신을 찾는 것이다. 그 '참의 나'·'영원의 나'·'절대의 나'가 신이라 할 수 있다. 신은 마음이요, 참이요, 빛이요, 뜻이다.

마음의 비움 속에 참다운 마음의 채움 선(禪)이 있다. '무아(無我)의 나'·'적인(寂人) 속의 나' 이것을 '해탈'이라 한다. 용심과 허물, 어둠과 어림의 꺼풀을 벗고 청정(清淨)한 마음, 정화된 마음을 가져야 한다. 이것이 선(禪)의 행(行)이다.

'디야나'·'사마디'·'요가' 사상은 인도 고대의 '아리아'인, '인더스' 문명 속의 주 신앙 속에서 행(行)·수(修)의 문화 사상으로 등장했다. 그리하여 인도 종교 힌두교·불교·자이나교 등에 의해 계승되어 왔다. 이 사상은 한결같이 '정신통일'을 강조하면서 마음을 집중하는 것, '지(止)' 사상, 마음을 모아 마음을 비워 무아적정(無我寂靜)에 이르는 것을 가르쳤다. 그리고 심신일여(心身一如)·법아일여(法我一如)를 통해 우아일여(宇我一如), 큰 깨달음[大覺]을 얻는 것, 해탈에 이르는 것에 대해 말했다.

불교에서는 특히 이를 행(行)과 수(修)에 연결한다. 계(戒)·정(定)·혜

(慧)를 삼학(三學)이라 했고, 자(慈)·비(悲)·희(喜)·사(捨)를 사무량심(四無量心)이라 했으며, 고(苦)·집(集)·멸(滅)·도(道)를 사성체(四聖諦), 그리고 행(行)의 길을 '정(正)' 자로 표시되는 견(見)·사(思)·어(語)·업(業)·명(命)·정진(精進)·염(念)·정(定) 등으로 나누어 갈래를 세웠다. 선은 '불교'에서는 붓다의 성도 과정에 중심을 두고 초신(初神), 제2의 선, 제3의 선, 제4의 선으로 나누었고, 이 4선(四禪)과 4무색정(四無色定)을 팔등지(八等地)로 다시 본 것이다. 4무색정은 붓다가 수행에 들어가기 전 '마가다(Magadha) 왕국' 숲에서 스승에게 전수받은 선(禪)의 수행 과정이다.

그것은 공무변처(空無邊處)·식무변처(識無邊處)·무소유처(無所有處)·비상비비상처(非想非非想處)를 말한다. 그리고 4선과 4무색정·멸진정(滅盡定)을 합해 '구차제정(九次第定)'이라 한다. 이들은 모두 선의 갈래이며, 수행 과정이다.

선을 등지(等地)로도 말한다. 등지에는 공등지(空等地)·무상등지(無相等地)·무원등지(無願等地)가 있다.

또한 선을 '본다'·'찾는다'의 관(觀)으로도 분류한다. 관에는 식염관(食厭觀)·계차별관(界差別觀)이 있고, 부정관(不淨觀)·자비관(慈悲觀)·인연관(因緣觀)·계분별관(界分別觀)·수식관(數息觀) 등이 있다. 뒤의 것을 5정심관(五停心觀)이라 하기도 한다.

대승기신론(大乘起信論)에는 수행에서의 지(止)와 관(觀)에 대해 말하고 있다. '지'와 '관'을 불교에서는 '지혜의 세계'·'반야의 세계'로 본다.

'지'는 성문(聲聞)들이 말하는 자리(自利)를 뜻하기도 하나, '관'은 어디까지나 이타(利他)에 역점을 두고 말한다. 그러나 '지'와 '관'은 어디까지나 상호 보조 관계에 있으며, 계(戒)·정(定)·혜(慧) 등 3학(三學)이 동시에 수행을 통해 체현되어야 함을 강조한다. 「대지도론(大智度論)」이나 「능가경(楞伽經)」에서는 선의 공(空) 사상, 곧 반야에 대해 말했다.

외도선(外道禪)·성문선(聲聞禪)·보살선(菩薩禪)과 외도·성문·연각 등 우부소행선(愚夫所行禪), 법무아(法無我)의 객체는 모두 실체가 없다는 의미를 관찰하는 관찰의선(觀察義禪), 모든 분별을 떠난다는 반연여선(攀緣如禪), 일체 중생의 구제에 전념하는 선정인 여래선(如來禪), 외도선(外道禪), 범부선(凡夫禪), 소승선(小乘禪), 대승선(大乘禪), 최상승선(最上乘禪) 등은 모두 대승의 반야 사상과 밀접한 수행선이라 했다.

선의 수행 사상이 신앙인의 수행 사상으로 동방에 전도된 것은 북위(北魏) 시대 보리달마(菩提達磨)에 의해서다. 『능가경(楞伽經)』에서 강조하는 이타적·능동적 선은 '달마'에 의해 벽관(壁觀)이 되었고, 벽관은 외부로부터의 번뇌와 작위적인 망념(妄念)이 침입하지 않는 벽관에 의해 선을 달성한다.

'달마'는 '붓다'의 제자 '마하가섭(摩訶迦葉)'에게 전수되어 온 '선'을 계승한 것이라고 전한다. '달마' 이후 동방의 선은 현실중심주의 위에 '지'와 '관'의 선인 여래선이 전개되어 '행(行)'·'주(住)'·'좌(坐)'·'와(臥)'의 생활선으로 전개되었으며, 불립문자(不立文字)·교외별전(敎外別傳)·직지인심(直指人心)·견성성불(見性成佛)의 선으로 발전했다.

특히 '선'의 체험은 설명하기가 어려워 개별성을 중시하게 되었고, 스승과 제자(師弟) 관계에서 전개되기도 했다. 이것이 조사(祖師) 전승의 제도다. 조사의 권위는 여래(如來) 이상으로 중시되어, 조사선(祖師禪)으로까지 발전했다. 조사의 언어나 행동은 매우 중요시된다. 따라서 좌선의 목적은 조사로부터 받아 이어온 전통을 살리는 데 있기도 했다. 이러한 조사의 선은 많은 공안(公案) 또는 화두(話頭)·법어(法語)를 낳기도 했다. 이것을 간화선(看話禪)이라고 한다.

간화선의 원류는 물론 인도에 있다. 그러나 각 지역 교파에 따라 그 특이성이나 역점 사항이 발견된다. 우리나라에도 고려 시대 9산선문(九山禪門)이 있어, 지눌(知訥)과 같은 고승·신승을 낳기도 했다. 중국은 가섭(迦葉)의 28조가 달마(達磨)이며, 그 뒤 소림사(少林寺)의 선승 혜가(慧可)·승찬(僧璨)·도신(道信)·홍인(弘忍)·혜능(慧能) 등으로 조사선이 이어졌다.

선(禪)이란 무엇인가?

선이란 마음을 가다듬는 것이다. 선은 명상이다.

선이란 정신을 통일하는 것이요, 번뇌를 끊고 진리를 깊이 생각하는 것이다.

진리, 빛 속, 무아의 경지에 몰입하는 것이다.

선은 진리를 찾는 수행이기도 하다.

선의 수행에는 또한 몇 가지 절차가 있다. 수행자는 먼저 계(戒)에 의해 심신의 집중, 정정(整正)을 기해야 한다. 그다음에는 '정(定)', 즉 명상 실천에 들어가게 된다. '정'이란 깊은 명상을 통해 심신의 집중·통일을 기하는 것이며, '삼마지(三摩地)' 곧 삼매에 들어가는 것이다. 산스크리트어 '사마디'는 등지(等地)·심일경성(心一境性), 곧 선정(禪定)을 뜻한다.

'선'과 '요가'는 밀접한 관계가 있다. '요가'는 바라문교 시대부터 명상을 뜻하는 말로 써왔다. 일반적으로 정(定)을 '삼매', 즉 '사마디'라고 쓴다.

'정(定)의 수행'은 '선정(禪定)의 수행'이며, 선정의 목적은 지혜를 얻기 위함이다. 지혜란 번뇌를 끊고 남아 있는 무표업(無表業)을 멸하고 고(苦)를 완전히 소멸시켜 두 번 다시 되살아나지 않게 함으로써, 마침내 해탈에 이르는 것이다.

경전에 보이는 '정(定)'의 비유를 들어보자.

열반의 깨달음은 '지혜'에서 생기며, 깨달음의 지혜는 '선정'에서 생긴다. 예를 들면 등에 불을 켜면 모든 것은 밝아진다. 그러나 큰 바람 속에서 등불은 위태롭다. 그러나 등불을 바람이 들어오지 못하는 방 안에 두면 끌 수가 없다. '깨달음의 지혜'도 만일 '선정'이라는 방이 없으면, 지혜가 있어도 그 힘[빛]을 발휘할 수가 없다. 따라서 지혜의 등불을 보전하려면 그것을 지켜주는 방[定]이 필요하다. '정(定)'이란 지혜를 얻고 지키고 깨달음을 회복하기 위한 필수 수행인 것이다. 이러한 '정' 사상은 인도의 고대 아리아인들이 꽃피운 '인더스 문명' 때부터 '바라문' 사제에 의해 전승·계도되어 왔다. 즉 '정(定)' 사상은 본시 불교 이전에 있었던 것이다.

'인도'의 성자들은 선정(禪定) 수양을 필수로 한다. '선정'이야말로 윤회와 업(業)·해탈의 필수 도정 사상이다. '붓다'의 가르침에서 '깨달음'은 궁극적으로 해탈이며, 열반인 것이다. 이는 '선정', 즉 '정(定)'을 통해 달성되는 것이다. '정'의 실천은 '지(止)의 정(定)'과 '관(觀)의 정(定)' 양 방면을 함께 다루어 '지관(止觀)'이라 한다.

'지(止)'란 '사마디', 즉 마음을 침정(沈靜)·정지(靜止)하는 명상을 말한다. 선정이라 할 수도 있다. '관(觀)'의 '정(定)'은 '비발사나(毘鉢舍那)'라는 지혜를 통해 대상을 관찰하는 것을 말한다. 마치 '지(止)'의 '정(定)'에 의해 '청정한 마음의 수면을 본다[觀]'는 뜻이다. '마음속을 지혜의 힘으로 보는 것', 즉 '관찰·명상하는 것'이다.

'지(止)'는 번뇌를 차단하고, '관(觀)'은 번뇌를 소멸한다. '지'와 '관'은 균형을 유지하는 상태, 즉 '지관균등(止觀均等)'·'지관균행(止觀均行)'을 이상적인 '정(定)'으로 본다.

'지(止)의 정(定)'은 삼계(三界)로 말하면 무색계(無色界)에 속하며 '관(觀)의 정(定)'은 색계(色界)에 속하므로, '지의 정'이 더 깊다. 수행은 당연히 얕은 곳에서 깊은 곳으로 나아가므로 '관의 정'에서 '지의 정'으로 나아간다.

삼계는 욕계(欲界)를 보는 마음 상태에서 욕망을 배제하고, 그대로 인식하는 색계라는 세계의 정으로 들어가는 것이다.

색계의 정·명상은 사단계로 나누어 얕은 곳에서 깊은 곳으로 초선·제2선·제3선·제4선이 된다. 그러므로 4선, 즉 4정려(靜慮)가 지관 균등의 정이 된다. 제4선 명상에서는 명상을 방해하는 여덟 가지 마음의 움직임[八炎患]에서 벗어날 수가 있다. 제4선에서 더욱 깊어지면 다음은 무색계(無色界)의 정으로 들어간다. 무색계의 정도 4단계로 나누어 이를 총칭해 4무색정(四無色定)이라 한다. 4무색정의 더욱 깊은 정인 '비상비비상처(非想非非想處)'의 경지는 거의 무념무상에 가깝다.

무색계에서 더욱 나아가면 '멸진정(滅盡定)'의 정으로 들어간다. 이는 선정(禪定) 중에서 가장 깊은 명상으로 멸진(滅盡)의 뜻대로 마음이

완전히 정지해 소멸된 상태의 정(定)으로, 참의 무념무상의 경지라 할 수 있다.

이 경지를 불교에서는 '깨달음' 또는 해탈(解脫)의 경지라고 말한다. '깨달음의 경지' 이것을 혜(慧)의 경지라 한다. '깨달음'의 지혜는 문혜(聞慧)·사혜(思慧)·수혜(修慧)로도 나뉜다. 이를 3혜(慧)라 말하고, 생득혜(生得慧)까지 합해 4혜(慧)라고 한다. 참선 수행의 목적은 이러한 지혜를 터득하는 데 있다. 이것이 또한 명상 수행의 길이다. 신의 참의 빛을 두드리는 신앙 수행의 길이다.

### 3) '명상': 빛과 하나 된다

사람은 명상을 통해 신과 만난다.

신은 무엇인가?

사람의 눈·귀, 사람의 힘은 신에 닿지 못한다. 신은 '명상'으로 두드릴 뿐이다. '신이 있다'라고 하면 모든 세상 문제는 그곳에서 나오고, '없다'라고 하면 모든 사리(事理)는 '귀납'에 귀착된다. 신앙이란 신과의 '연역(演繹)'에서 나온다.

사람은 이 지고의 존재, 절대적 존재, 이 영원한 존재, 이 유일한 존재를 우러러보고 받들 뿐이다. 그리고 일체를 그 속에서 도출한다. 또한 그 품속에 안기고, 하나 되고자 할 뿐이다.

사람은 이 참의 존재, 이 빛의 존재 속에서 일체를 연역한다. 또한 사람의 일체의 삶을 의존하고 기대고 바랄 뿐이다.

사람의 '명상'은 삼단논법이나 연역·귀납·변증과 사변을 초월한다. 그 빛의 존재, 창조적 존재, 섭리적 존재인 신에게 삶의 일체를 포갤 뿐이다.

명상(瞑想, meditation)!

명상이 무엇인가?

사람은 생각을 한다. 가슴으로 생각하고 머리로 생각한다. 그리고 영혼으로 생각한다. 사람의 생각 속에 두드리고 닦는 것, 그것이 신앙이다. 신앙이란 참을 두드리는 것이다. '참의 빛, 참의 영원, 참의 절대를 생각하고, 두드리고 닦는 것', 그것이 신앙이다. 신앙은 머리로만 하는 것이 아니라 가슴으로 하고 영혼으로 한다. 영혼이 깃든 생각, 그것이 명상이다. 신의 참, 우주의 빛, 하늘의 뜻을 신앙하는 것이 종교다. 나는 신앙의 바탕은 참다운 명상, 참다운 사색, 참다운 정려(靜慮), 참다운 두드림, 참다운 닦음, '나' 자신의 찾음 속에 이루어진다고 생각한다.

인도 민중, 특히 깨달음을 중시하는 불교에서는 '참선'이라는 말을 많이 쓴다. 참선이란 '나의 참을 찾는 것'·'나의 마음을 들여다보는 것'·'마음을 한 곳에 집중하는 것'·'마음의 흐림을 맑게 하는 것'·'나를 닦는 것', 이것이 참선이다. '마음을 한곳에 모아 비우는 것', 그것이 명상이다.

'모은다는 것'을 '비운다는 것'과 같이 해석했다. '닦는다'는 뜻과도 같다. 마음을 우주·하늘·신에게 집중하는 것이다. 고대 인류들은 신·'하늘'을 '광명(光明)'이라고 했다. 우주를 '불'·'밝음'이라 말했다. 신을 '진리의 빛'으로 말했다.

그 명상의 바탕에 '선(禪)'이 있다. 그리고 '요가'가 있다. 오늘날 선(禪)의 문화는 인도 고대 신앙의 토대만이 아니라, 모든 종교 신앙의 바탕이 된다. '바라밀' 수행도 명상 문화 속에 넣는다. 신! 그 참과 빛의 존재는 눈을 감고 조용히 생각하는 '명상'을 토대로 마음을 가다듬고 정신을 통일하며, '나' 자신의 어둠의 번뇌를 벗으며 인류 삶의 진실, 그 평화와 행복이 무엇인지를 갈고 닦아 그 절대 유일의 영원한 존재 신·우주·하늘과 하나가 되는 것이다. 이것이 신앙이다. 신은 인간의 차디찬 사유·명상의 눈물 속에 결합한다고 믿는다.

종교란 우주·하느님·신과 어두운 나의 영혼이 결합하는 것이다. '나'의 소망을 높고, 크고, 밝은 빛의 존재에게 의탁, 그 크고 영원한 은총에 안기는 것이다.

산스크리트어로 '결합한다'라는 어원이 있는 '유즈(yuj)'는 이를 잘 대변한다. "신앙이란 자아(自我)인 '나', '지바트마(jivatma)'와 우주의 '파라마트마(paramatma)'의 합일·결합을 뜻한다.

마음의 불안, 욕망의 꿈틀거림을 누르고 가림의 어둠에서 벗어나는 것, 그것이 신앙이요, 종교다. 그것이 '명상'이요, '정혜(定慧)'의 하늘이다.

'명상'이란 몸도 그렇지만, 영혼의 정화를 말한다. 그리하여 '명상'은 수행과 함께 이루어지고 나의 기도, 나의 서원(誓願), 나의 수행과 함께 이루어진다. 인도 민중, 동양 민중이 많이 행하는 '선(禪)'·'수트라(sutra)'도 마찬가지다. '명상'이란 먼지 속 같은 혼돈의 '나' 속에 밝은 진리, 대우주의 섭리, 그 빛을 포개어 하나 되는 것이다. 우주 대자연과의 영원한 호흡, 신과의 화합, 빛과의 만남, 그 밝은 흐름, 법칙, 그 뜻, 그 길과 하나 되어 균형을 유지하는 것, 이것이 '명상'이요, 신앙의 수행이다.

본시 종교는 '명상'에서 출발했다.

힌두교에서는 요가·명상을 신앙의 기본으로 본다. 유대교의 구약 시대에도 선지자들은 '카발라(kabbalah)' 묵상을 통해 신을 맞이했고, 수도원의 '명상' 속에 구세주를 맞이했다. 이슬람 신도들도 예배의 명상 속에서 '알라'신을 만났다. 그것을 '수피즘'이라 말한다. 모세도 그랬고, 무함마드도 그랬다. 공자나 맹자도 한마음, 구도(求道)의 사념(思念) 속에서 하늘의 뜻을 두드렸고, 노자나 장자도 흐린 마음을 바꿔 맑게 하는 것, 그것이 도(道)의 진체(眞體)를 터득하는 길임을 역설했다.

명상은 신앙의 기본이다. 신의 천당·지옥을 최초로 터득한 조로아스터교도 불과 물의 명상 속에서 신의 불빛을 만났고, 자이나교와 시크교의 '교전'도 하늘과 땅을 향해 마음을 모으고 비우는 '명상'의 신앙 속에서 태어났다.

신앙은 영혼의 결탁이다. 신앙은 '빛'에의 귀의(歸依)다. 신앙은 신과 '나'가 하나로 합일하는 것이다.

신은 나 밖에 있지 않다. 신은 신을 명상하는 수행자의 가슴에 존재한다. 신은 하늘에 있다. 그러나 그 하늘은 늘 참선하는 그 영혼 속에 함께한다.

신은 명상 속에 함께한다.

빛!

빛이 무엇인가?

사람은 생각을 한다. 가슴으로 생각을 하지만, 마음으로 한다.

사람은 바라본다. 눈으로만이 아니라 마음으로 바라본다.

사람은 집어본다.

손으로만이 아니라 마음으로 집는다.

사람은 재어본다.

자로만, 손으로만, 발로만 재는 것이 아니라

마음으로 재어본다.

사람은 '삶'을 냄새로도 맡아보고

사람은 '인생'을 소리로도 집어본다.

그 냄새, 그 소리가 모두 마음의 뿌리로 집는다.

마음!

마음은 영혼의 울림이다.

마음은 머리를 낳고, 가슴을 낳는다.

그리고 그 속에 영혼의 울림을 포갠다.

마음의 잣대!

마음은 재는 것이 아니라 집는 것이다.

집는 것이 아니라 새기는 것이다.

마음은 명(銘)이다.

마음은 행(行)이다.

마음은 수(修)이며, 신(信)이다.

마음에 새기는 것이 명(銘)이다.

마음을 닦는 것이 수(修)요, 행(行)이다.

이 세상 종교에서 '의례'는 갈고 닦는 '수행'을 본질로 삼아야 한다.

통성으로 찬양하고 몸부림으로 고성가무 속에서 감사하는 것도 좋지만, 또한 너무 외형적 계율이나 규칙의 의례 형식이 곧 '카타르시스(catharsis)'의 본질은 아니다. 어디까지나 외형적인 것이 아니라 마음의 내적 성찰이 중요하다.

본시 '명상'이란 자기 영혼의 자기 정화다. 성스러운 마음속, 자기 자신의 황홀 속에 빠지는 것, 심리적으로 억눌림 속에서 해탈하는 것이다. 감사하고 찬양하며, 성찰하고 참회하며, 영원 속에서 자기 자신을 찾고 흐트러진 마음, 헤매는 영혼을 진리 속에, 빛 속에 거르는 것, 이것이 신앙의 의식이 되어야 한다.

신앙이 무엇인가?

신앙은 명상이다. 신앙은 요가다. 신앙은 참선이다. 명상 속에서 고해가 우러나고, 염상(念想) 속에 참회가 있다. 명상 속에서 서원이 이루어지고, 심령(心靈)의 다짐이 된다. 신앙은 명상의 울림이다. 사람은 명상 속에서 빛을 그린다. 사람은 그 명상 속에서 신을 찾는다.

신은 무엇인가? '신'이란 '이름이 아니다'. 그러나 이 언어보다 더 절대적인 가치는 없다. '하늘'이라 불러도 된다. '우주', 그리고 '빛'이라 해도 된다. 다만 이 이름을 영혼으로 포개어 불러야 한다.

그것이 명상의 경지다.

명상은 선(禪)이요, 요가의 경지 속에 빛과 하나 되는 것이다.

빛과 하나 되는 것이 혜(慧)다.

진실을 깨닫는 것이 미망에서 벗어나는 것이다.

벗어나는 것, 번뇌와 욕에서 벗어나는 것, 그것이 해탈이다.

해탈! 해탈은 곧 신의 진리와 하나 되는 것이라고 말할 수 있다.

이것은 여러 종교의 표현의 차이일 뿐 '빛과 하나 되는 경지'는 모든 종교가 같다.

진리, 그 빛과 하나 되는 것, 그것이 명상이다.

신은 수행이요, 명상은 선의 수행이다.

# 맺으며

| | |
|---|---|
| — 秋風惟苦吟 | 가을바람 내 괴로운 신음 소리 |
| 擧世少知音 | 이 세상에 마음 둘 곳 그 어딘가 |
| 窓外三庚雨 | 빗소리 창 밖에 밤은 깊은데 |
| 燈前萬里心 | 등잔불 심지 타드는 만리심인 것을 |

최치원(崔致遠)

| | |
|---|---|
| — 浣起千山燒 | 구름이 피어 일천 산 새벽인가 |
| 風高萬木秋 | 높은 바람 나무마다 가을인가 |
| 有類城下泊 | 성 아래 돌 속 물 흐르니 |
| 浪打釣魚舟 | 고깃배 두드려 선잠 깨운다. |

김시습(金時習)

— 마음의 붓으로 그리옵는 임 앞에
머리 숙인 이 내 몸아
빛의 끝까지 이대로 이르거라!
사파 어느 곳 임 안 계신 곳 있는가?

이 세상 밝히시는 임의 빛!
천세 다하도록 마음속 함께하고 싶어라.
아! 이 어두운 마음 끝까지 닦아
임 계신 대우주 밝은 빛 속 사무치리

**신라향가**(新羅鄕歌) 「**예경제불가**(禮敬諸佛歌)」

___ 말하라 씨알!
집착이 무엇이고, 업이 무엇인가?
떨어짐 속 다시 나무로 태어나는 것을
모든 욕망이 사라질 때
그때 죽음도 다시 삶이 되는 것을
내 손에 펼쳐진 무한의 허공이여!
영혼 속 다가오는 그 불멸 불사의 빛줄기여!

『**우파니샤드**』**에서**

신!

대우주의 빛!

신이 무엇인가?

신은 생명의 빛이요 밝음, 영원한 진리요 절대의 뜻이다.

신은 이 세상을 낳고 하늘·땅을 섭리하는 영원한 창조자요, 절대의 도(道)다.

종교!

종교가 무엇인가?

종교란 어둠 속을 헤매는 인간이 그 빛을 두드리고 진리를 닦아 신, 그 빛의 참 속에 하나 되는 것이다.

명상!

명상이 무엇인가?

명상은 신앙이다. 명상은 신앙의 바탕이다. 명상은 생명의 어둠, 삶의 헤맴을 생각하고 영원 절대의 빛, 삶의 밝은 길, 사람의 서야 할 자리를 마음으로 두드리고 영혼으로 닦아가는 길이다. 명상은 신앙의 길이다. 명상은 빛과 하나 되는 길이다. 명상은 참의 나를 찾는 길이다.

신! 종교!

고대 그리스에서는 신을 광명(光明)이라 했다. 불이라 했다. 고대 이집트에서는 태양을 신이라 했다. '마니교'에서는 빛[光]과 어둠[暗]이라 했고, 조로아스터교에서는 선(善)과 악(惡)이라고 하면서 참(眞)과 거짓(僞)으로 나눌 수 있다고 했다. 유교에서는 하늘을 도(道)라고 했다. 유대교·이슬람교·그리스도교에서는 이 세상을 창조하고 다스리며, 사람을 참의 삶 속에 이끌고 구제하는 인격적 존재가 신이라고 했다. 힌두교에서는 대우주 '브라만', 창조와 유지·섭리하는 존재가 신이며, '나'는 개체의 그 분편이라 했다. 불교에서는 깨달음에 이르면 붓다[신]가 된다고 했다.

이 신들은 이름은 달라도 모두 하나다.

신은 하나다. 그리고 신을 두드리는 모든 인류도 하나다.

이 세상 종교의 이름은 달라도 신과 사람이 하나 되는 명상은 하나다.

사람은 외롭다.

사람은 어둡다.

사람은 불안과 두려움 속에서 헤맨다.

사람은 영혼이 있다.

그리하여 사람은 명상을 한다.

신이 무엇인가?

신은 생명의 빛이다. 신은 우주이고, 신은 하늘이다. 신은 빛이요, 뜻이요, 길이다. 이 세상 하늘과 땅 일체 생명은 그 신에 의해 창조되고, 섭리되고, 질서화된다.

우주, 그 신의 뜻은 한 치의 오차가 없다. 신의 뜻은 절대적이고 영원하며, 유일하다.

사람은 그 우주를, 그 하늘을, 그 신을 들여다볼 수가 없다. 다만 영혼을 통해 명상할 뿐이다. 그 명상 속에서 다가서고 하나가 될 뿐이다.

사람은 명상을 한다.

사람이 무엇이고 삶이 무엇인지를 명상한다. 삶의 진실, 삶의 아름다움, 삶의 영원이 무엇인지 명상한다.

사람은 대자연을 생각한다. 사람은 대우주의 질서를 생각한다. 그 거대한 질서, 그 절대적인 섭리, 그 영원한 뜻, 그 일사불란한 진리의 길,

그 하나같은 뜻. 그 속에 사람은 무엇인가? 사람은 어디서 왔는가? 사람은 그 속에서 어떻게 생명을 유지하며, 사람은 눈을 감고 어디로 가는 것인가?

사람은 생각하는 동물이다. 사람은 사람을 생각하고, 삶을 생각하는 씨알이다. 사람은 삶의 뜻, 삶의 빛을 생각하는 생명체다.

이 세상은 넓다. 이 세상은 끊임없이 변해간다. 사람은 그 넓은 세상, 영원한 시간 속에 함께 살아간다. 그러나 한 사람 씨알은 그 영원한 시간 속에서, 그 넓은 세상에서 극히 한순간을 살다가 간다.

사람의 지(知), 머리는 한계가 있다.

사람의 정(情), 가슴은 늘 흔들린다.

사람의 뜻[意]은 사람살이 자체를 뛰어넘지 못한다.

그리하여 사람은 영적 울림에 기댈 수밖에 없다. 사람은 사람을 뛰어넘지 못한다. 사람은 사람들의 머리나 가슴, 문화나 과학 문명과 역사 의식, 그 힘의 한계를 뛰어넘지 못한다. 그 힘은 극히 유한하다. 사람의 머리는 사람 자체를 모른다. 그러니 사람을 뛰어넘는 절대의 세계, 이 세상의 생김과 흘러감, 대우주를 뛰어넘는 절대의 세계, 그 영원한 시간의 피안을 어찌 내다볼 수 있나!

사람은 극히 작은 씨알이다. 사람은 이 거대한 대우주의 흐름 속에 극히 순간인 찰나의 생명체다. 사람은 사람 자체를 모른다. 사람이 어디에서 오고, 무엇 때문에 왔고, 어디로 가는지 모른다.

사람은 한없이 불안하다. 사람은 혼자 살 수가 없다. 같이 살아야 한다. 그리하여 사회를 만들고 나라를 세우며, 세계 평화를 꿈꾼다. 그러나 그 사회, 이 세상의 시작을 들여다보지 못하고, 그 사회, 이 세상의 끝을 모른다.

사람은 사람의 한계를 뛰어넘지 못한다.

그러나 사람에게는 다른 생명체에 없는 생각하는 머리, 설레는 가슴, 울림을 주는 영혼이 있다. 그리하여 그 머리를 통해 바람을 갖고 그 가슴을 통해 진실과 빛을 그리며, 영혼을 통해 그 영원의 뜻, 진리를 믿으면서 그 속에 '나'를 포갠다. '나'의 외로움을 기대고, '나'의 그리움을 포개며, '나'의 설렘을 달랜다.

그것이 신앙이다.

그것이 명상이다.

그 그리움 속에 영원이 있고, 그 두드림 속에 절대가 있으며, 그 포갬 속에 진리의 빛이 있다.

그것이 종교다.

사람은 대우주의 별 하늘 속에 나의 꿈을 띄운다. 그것이 '신비주의'요, 신비 체험이다. 사람은 밤하늘의 은하 속에 나의 쪽배를 띄운다. 그것이 '수피즘'이다.

사람은 대자연의 유유한 흐름 속에서 억·천의 생명체들이 낳고, 변하고, 사라지는 그 힘, 그 영혼, 그 조령(祖靈)·정령(精靈) 속에 사람을 나란히 놓는다. 그것이 사람만이 가진 영혼, 신앙의 힘이다.

사람은 사람이 뛰어넘지 못하는 영혼의 세계를 그린다. 천상을 그리고, 괴로움이 없는 세계를 그린다.

신에게 빙의(憑依)한다.

신 속에 합일(合一)한다.

그것이 명상이다.

이 세상 모든 신은 사람이 부른 것이다. 사람이 모신 것이다. 이 세상 모든 신은 신이 먼저 사람 앞에 나타난 것은 아니다. 선지자·명상가, 또는 한 부족, 한 민족이 맞이한 것이다. 그리고 그 신에게 사람의 소망을 실은 것이다.

신은 사람이 두드린 존재다. 신의 '말씀'은 사람이 절실하게 소망하는 것이다. 소망이 없는 사람이나 민족에게 신은 현출하지 않는다. 사람은 신의 지침을 절대 복종하지만[그것이 신앙이지만], 그러나 이 세상 모든 '경전'은 사람들의 절실한 소망을 '사람이 신의 뜻'으로 체계화한 것이라고 볼 수 있다. 사람이 신을 숭앙하는 것은 신의 말씀을 따르는 것이다. 한 '경전'이나 『성서』, 신의 계시나 지침은 신을 맞이한 그 '민족의 언어' 속에 타고난다. 따라서 오늘날 '하나의 인류의 소망' 속에 특수한 민족과 신의 만남은 예시에 그치고, 세계 속에 보편화되어야 한다.

신은 절대의 존재, 하늘과 땅을 낳고 일체의 생명을 다스리는 존재이지만, 그 신을 모신 것은 사람이었다. 신의 영원한 뜻, 신의 진리의 빛, 그 말씀·가르침은 사람[인류]의 영원한 삶의 도(道)요, 함께 살아나갈 법(法)인 것이다.

그렇다면 오늘날 21세기 전체 인류가 헤쳐 나갈 도(道), 그 신의 '빛길'은 무엇인가?

21세기 종교는 그 '어떤 민족'·'어떤 나라'만의 것이 아니라 '인류 모두'의 종교다. 인류는 똑같이 구원을 받아야 한다. 이것이 대전제다.

21세기 인류의 종교는 이 세상 천지에 하나밖에 없는 하나의 신을 섬겨야 한다. 이 문제는 지금까지의 이름이나 얼굴이 다른 신을 하나로 만든다는 것이 아니라 본시 '하나의 신'을 여러 민족이 각각 절실한 고난 속에서 맞이했고, 자기 민족과의 해후 속에 섬겨온 그 신을 이제 태초에 그러했듯 인류의 이름으로 '하나의 신'으로 모셔야 하는 것이다. 이것은 통합이 아니라 '원일(元一)'의 원점에서 특정한 민족의 이름 대신 인류의 이름으로 모시는 것이다.

그리고 21세기 모든 '경전'은 넓게 포괄해 '신의 다양한 구원'이라는 관점에서 일원(一元)적으로 다루어야 한다. 신의 '출현 과정'이나 '그 민족과의 계약'·'그 민족의 구제' 등은 이 세상 신의 만남을 '다양한 구제의 예시'로 다루고, 모든 '경전'·'성서'의 삶의 가르침을 '다양하게' 신의 '삶의 빛 길'로서 그대로 다원(多元)화해도 된다. 그리고 각 종교가 종교 나름으로 규제하고 있는 신에 대한 신앙의 여러 의식, 제례 형식, 계율 등은 가급적 일반화·보편화하면서 모든 신앙자가 일상 속에서 예배하고, 교의(教義)나 계율(戒律)을 실천할 수 있도록 보편화 속에 명상·예배·참선수행화하는 것이 바람직하다.

이 세상에 나타난 신, 민족을 구원의 길로 이끈 신!

한번 부른 신은 요지부동인가? 한번 태어난 종교는 개종할 수 없는가?

아니다. 개종(改宗)할 수도 있고, 혁신할 수도 있다. 인류의 종교는 오랫동안 다듬어지고 개혁도 되었다. 파(派)가 갈라지면서 여러 종파가 생겨나기도 했다. 사람의 지력은 발전한다. 과학은 발전한다. 문명은 달라진다. 사람의 철학은 발전한다. 종교개혁도 한다. 예를 들면 '그리스도교'는 '루터(M. Luther)'나 '칼뱅(J. Calvin)' 등 새로운 방향을 찾는 이들에 의해 '가톨릭'과 '개신교'로 갈라지기도 했다.

신을 생각한 철학도 옛날 것과 현대의 것이 다르다. 그러나 종교의 근원인 인간의 불안이나 허무, 외포(畏怖) 관념, 죄업의 문제, 죽음의 문제 … 등은 영원히 뛰어넘을 수 없기에, 또한 인간 삶의 근원적 문제이기에, 인간 사회가 존재하고 지속하는 한 없어지지 않는다. 따라서 종교의 문제는 영원히 없어지지 않는다. 다만 종교의 형태나 신의 얼굴, 구제의 초점은 달라질 수 있다.

사람은 생각하는 동물이요, 생각하는 생명체다. 사람은 생각 속에서 자각하는 능동력이 있다.

사람은 명상을 한다.

사람은 보이지 않는 신, 닿지 않는 신을 사람 속에 품는다. 그 절대적 진리의 존재, 영원한 구원의 존재를 영혼으로 모신다. 사람이 닿지 않는 이승과 저승, 영원한 시간, 영겁의 공간을 그 신 속에 포갠다. 그 시간의 끝, 공간의 끝을 섭리하고 이끄는 신의 존재, 그 빛을 섬긴다, 신앙한다. 그리하여 인간의 한계를 초월한다. 그리고 닦아 나가고, 갈아 나간다.

이것이 종교요, 신앙이다. 이것이 나를 찾아가는 명상이다.

인간은 약하다. 그러나 신을 통해 인간을 뛰어넘는 초인적인 힘에 의지한다.

인간은 불안하다. 그러나 인간은 그 어둠을 밝음으로 이끄는 신앙의 힘이 있다. 인간은 다른 어떤 생명체, 동물이 흉내 내지 못하는 종교의 힘이 있다.

사람들은 그 절대적 존재를 사람의 언어로 부른다. 그리고 다가가고 안긴다. '신'이라 하고 '하느님'이라 하며, '부처님'이라 했다. 그런데 그들 절대적 존재, 빛의 존재에게 사람들은 절실하게 궁금한 문제를 물으며 다가간다.

'사람은 무엇인가? 대우주의 뜻 속에 사람은 무엇인가? 하늘과 땅은 무엇이며, 누가 만들었나? 그 빛, 그 참이 무엇인가? 대자연은 무엇이고, 생명체는 어찌 태어났나? 그 길은 사람과 같은가, 다른가? 사람은 누가 만들었고, 삶과 죽음은 무엇인가? 저승이 있는가? 우리 인류의 갈 길은 무엇인가? 무엇이 문제인가? 우리 인류의 평화와 행복의 길은 무엇인가? 빛의 길은 무엇인가? 우리들은 이 세상에 태어나 마지막까지 어찌 살아가야 하는가?'

이러한 인류의 영원한 난제를 마주하며, 신을 두드리고 찾는다. 그리고 종교를 통해 절대자 신에게 호소하기도 한다.

'당신은 무엇인가? 당신의 존재는 무엇이며, 나[우리]와는 어떤 관계인가? 우리는 당신을 어찌 따라야 하는가? 나는 당신과 어찌해야 결합하는가? 당신과 하나 되는 길이 무엇인가? 어찌해야 참의 빛 속에 함께 할 수 있는가?'

사람은 이렇게 신에게 다가간다. 이러한 기도 속에 우리 인류의 소망도 있지만, '나'라고 하는 개인의 소망도 있고, 이웃의 소망, 나라의 소망도 있다.

'당신은 나[우리]를 저버리지 마라. 당신은 언제나 내[우리] 곁에 있어달라. 내가 헤맬 때 나[우리]를 붙잡아달라. 내가 잘못 가지 않도록 도와달라. 나[인류]의 밝은 마음, 착한 마음을 지켜달라. 나아가 내가 죽거든 당신 곁에 영원히 있게 해달라.' 이런 소망을 기도하며 신에게 다가간다.

이 모든 소망을 '절대적 존재'를 향한 기도 속에 담는다. 이 모든 소망을 '사람의 언어'에 담아 그 '빛의 존재'에게 간구한다.

이 소망, 절실한 간구가, 곧 종교의 명상이요 신앙이다.

이때 그 절대의 빛의 존재, 즉 신은 무엇이라 화답해 오는가? 그 신의 교시가 곧 하느님의 말씀, 신의 구제다. 그것이 곧 『성경』이요, '경전' 곧 이 세상 종교의 여러 '경서'다.

사람은 종교 생활 속에서 의식(儀式)과 의례(儀禮)를 통해 신에게 다가가고 화답받으려 한다. 사람이 보이지 않는 절대적이고, 영원하며, 유일한 빛의 존재와 합일하기 위해서는 라이트(rite)·세러모니(ceremony)가 필요하다. 불안·외포에서 벗어나면 환희에 도달한다. 성대하게 찬양하고 손발·온몸으로 황홀 속에 젖어들어야 한다. 찬송가를 부르고 심지어 춤과 온몸의 희열 속에서 자기 자신의 깊이에 도사렸던 불안·의혹·공포·절망에서 벗어날 수 있다. 그리하여 각 종교에서는 많은 의례·제식·축제 등을 두고 정기적 예배·단식·순례 등 특별한 교의(敎義)를 담고 신도를 결속하며, 카타르시스의 발산(發散)으로 이끌기도 한다. 그런데 너무 많고 엄격하며 축제화하는 속에서, 또 번다한 의례 속에서 종교 간 위화감을 불러일으키고 갈등을 낳는 데까지 이르는 것은 문제가 있다.

종교에는 절대적 존재, 인간의 삶을 심판하는 심판의 권위자로서 카리스마(Charisma)가 어느 정도 적용되는 것은 어쩔 수 없으나, 너무 제례의 형식이 지나치거나 구속하는 것은 신에 대한 반감을 야기할 수도 있다. 따라서 쉬운 문제는 아니지만, 모든 종교의 의례 문제는 대국적 견지에서 보편화되어야 한다고 본다. 모든 종교의 신이 그렇고 그 교시도 그렇지만, 신을 두드리는 예배 의례도 사람·신도가 만든 것이다.

오늘 21세기 모든 종교의 제례 형식, 규제도 현대 사회, 문명사회에 맞게 포괄·보편화해 갈 필요가 있다. 예배는 어디까지나 심령(心靈)의 화답, 성찰(省察)과 내성(內省)·정려(靜慮)의 토대 속에 절대적 존재와의 결합에 초점을 맞춰야 한다.

신앙은 심축(心軸)이다. '신의 두드림'은 '나' 자신의 '닦음'이다.

신과의 결합은 '구도(求道)'이며, '수행(修行)'의 차원이다.

그 옛날 선지자들은 신을 원천적으로 명상 속에서 불러 모셨다. 따라서 21세기 현대 인류의 신앙도 다시 명상·참선 등 정려(靜慮)와 간구(懇求) 속에 예배의 축을 세워야 한다. 본시 인류는 신을 명상과 참선 속에 두드렸고, 영혼으로 빛과 합일했던 것이다.

사람은 신앙과 떨어져 살 수는 없다. 적극적으로 특정한 신을 믿지 않더라도 사람은 '믿음'이라는 영적 교섭 속에서만 살 수 있는 것이다. 사람은 기도의 형식을 빌리지 않아도, 사원이나 예배당에 안 나가도, 내일을 믿는다. 태양이 떠오르는 것을 믿고, 내일도 오늘처럼 사람은 살아간다는 것을 믿는다. 사람은 나고 자라 이 세상을 떠난다.

이 모두가 믿음이다. 땅을 믿어 뿌리고, 하늘을 믿어 일한다. 사람은 믿음의 생명체다. 믿음 속에 소망을 깐다. 자기가 하고 싶은 일이 잘되기를 바란다. 운(運)이 닿고 명(命)이 맞아 일이 순운(順運)하기를 바란다. 자기가 하는 일이 여러 사람에게 도움이 되고, 좋은 일을 했다는 칭찬을 받기를 원한다.

사람은 보람을 찾는다. 사람은 참을 믿는다. 아프지 않기를 바란다. 이것도 믿음이다. 일이 잘못되지 않기를 바란다. 이것도 믿음의 기도다. 자기 몸만이 아니라 자기 가족, 이웃, 그리고 나라, 세계 여러 인류가 모두 행복하고 평화롭게 함께 살아가기를 바란다.

사람인 이상 다 같다.

신앙이란 바로 이 간절한 바람을 절대적 존재, 빛의 존재에게 비는 것이다.

그런 절대적 빛의 존재의 이름, 모습은 사람의 힘이 닿지 않는 세계다.

신이란 그 세계 속에 있다.

'신'은 그 이름과 상관이 있다. 신앙이란 그 가운데 있다. 사람의 삶, 그 자체 속에 있다. 신앙이란 감사요, 찬양, 그리고 소망의 바람에 대한 기도다. 그리고 중요한 것은 자기 자신의 돌봄이다. 자기 부족, 자신의 죄, 스스로에 대한 성찰과 반성, 참회는 신앙인의 신에 대한 예배의 바탕이 되어야 한다. 신앙이란 구원을 바라는 호소에 더해 자기 자신에 대한 돌봄·깨우침이 반드시 그 바탕이 되어야 한다.

그것이 신앙이요 명상이다.

이 세상 모든 종교는 하나다.

이 세상 인류를 낳고, 인류를 이끌고, 인류를 구제하는 신은 하나이기 때문이다. 신에게 바라는 인류의 소망도 '인류의 영원한 평화', 그 한

점에 있다. 이 세상에 사람은 많고, 사람의 생각·소망은 많다. 그러나 그 인류의 소망은 '인류가 하나'이기에 그 소망도 하나로 묶을 수 있다. 신을 섬기는 데 있어 신이 있다 없다에 대해서는 나름의 생각이나 철학이 다를 수 있다. 현대의 신은 신비주의나 수피즘 속에만 존재하는 것이 아니라 '삶의 진실'·'삶의 아름다움'·'삶의 영원한 빛', 그 자체가 신이다.

'사람은 외롭다.'

따라서 외로움 속에서의 '사랑의 빛'이 절실하다.

'사람은 불안하다.'

따라서 사람의 불안에 '삶의 힘을 심어주는 믿음'이 필요하다.

'사람은 두려워한다.'

두려움을 떨치게 하는 "나를 따르면 된다"라는 영혼의 다짐, 그 속에 신이 있고, 하늘·하느님이 있다. 이것이 종교다.

'사람은 어둡다'·'사람은 욕심이 있다'·'사람은 때가 있다'·'그리고 사람은 헤맨다'. 사람이 신을 섬기는 것은 이 어둠, 이 욕심, 이 때, 이 헤맴에서 벗어나기 위함이다.

'신의 이름'·'종교의 얼굴'이 문제가 아니다. 대우주의 영원, 절대의 섭리, 해의 밝음, 생명 속의 별빛, 그것이 신이다. 그 신의 진리의 품에 '나'를 합일하는 것, 안기는 것, 그것이 종교요 그것이 신앙이요 명상이다.

사람의 눈, 사람의 머리는 불완전하다. 신은 어떻게 생겼는지 모른다. 신이 있는지 없는지도 모른다. 그러나 사람은 반드시 신은 있다고 믿는다. 신이 없으면 이 세상 천지만물, 대우주의 일사불란한 질서가 있을 수 없다. 그리고 그 일사불란한 질서, 대규범, 생성 변화의 창조 유지가 있을 수 없다. 하나의 빛의 섭리가 없으면 이 세상은 혼돈에 빠진다. 사람은 누가 만들고 이 세상은 어떻게 태어났는가? 이 세상을 질서 있게 이끄는 절대적 존재가 있어야 한다. 만일 신이 없다면 해는 해이고 별은 별이며, 하늘과 땅은 그렇게 만들어지고, 이 세상 생명이 유지되며 변화하고 소멸하는 것은 있을 수 없다.

이 모두는 언제, 누가, 무슨 뜻으로 그렇게 만들고 유지해 가는가? 사람은 이것을 생각한다. 사람은 머리가 있고, 가슴이 있다. 신비를 생각하고, 조화를 생각하고, 생명을 생각하는 '울림' 그 영혼이 있다. 이 세상을 살아 움직이는 질서를 생각한다. 그리하여 그 영혼은 인간을 초월한 절대 세계를 더듬는다. 그리고 인간의 머리로 단정한다. '이 세상은 세상을 만든 창조자가 있다'·'이 세상은 세상을 만들고, 이끌고, 세워나가는 거대한 존재가 있다'. 만일 그 존재가 없다면 대우주, 천지자연, 이 세상, 그리고 일체 생명체는 그 뜻, 그 길, 그 빛을 생각할 수가 없다. '반드시 그 창조의 존재, 섭리의 존재, 참의 존재, 그 절대 영원한 빛의 존재가 있는 것이다.' 사람의 하찮은 운명, 찰나의 존재, 불안한 생명은 그 빛의 존재에 합치되어야 한다.

이것이 생각을 가진 사람의 명상의 세계다.

이것이 영혼을 가진 인간의 신앙의 세계다.

참에 따라가야 한다.

빛과 하나가 되어야 한다.

이것이 생각을 가진 인간의 영혼이다.

'신'이란 그 빛, 그 진리, 그 뜻의 존재가 무엇인지를 생각한 최종 결론이다.

그 존재를 '신'이라 생각한다. 다른 그 밖에 이름이 없다.

이 세상 '신'이라는 이름보다 절대적이고 영원하며 유일한 존재는 없다.

신앙이란 헤매는 인간이 그 '절대의 빛'·'영원한 참'과 하나 되는 것이다.

신앙이란 수행이다.

이 세상 절대 유일의 영원한 빛. 그 진리의 존재는 두드리기만 해서 되는 것이 아니다.

신앙이란 마음·몸·영혼의 닦음·수행을 통해서만 신, 그 빛과 하나 될 수 있다. 신앙이란 고해, 참회, 자기 변신이요, 진리를 향한 자기 조탁이다.

신앙이란 삶의 참회요, 강구이며 자기 자신의 어둠의 여과요, 빛에 대한 찬양, 명상을 통한 진리와의 합일이다.

말하라 씨알!

그 삶이 낳는 곳

그리고 떨어짐 속 다시 나무로 태어나는 것

만일 뿌리 자르면

다시 싹이 트일 것인가?

저 정막의 희열

그 꿈의 끝, 빛은 어디인가?

『우파니샤드』에서